外贸经理人的MBA工具书

FOREIGN TRADE

跨境电商与跨境物流一本通

常崇娟　编著

化学工业出版社

·北京·

内容简介

《跨境电商与跨境物流一本通》一书主要包括跨境电商概述、跨境电商平台、跨境电商网上开店、跨境电商通关与报税、跨境电商支付、跨境电商物流配送、跨境电商营销方式等内容。

本书采用图文解读的方式,让读者在轻松阅读中了解跨境电商与跨境物流知识并学以致用。本书注重实操性,以精确、简洁的方式讲述重要知识点,尽可能地满足读者希望快速掌握跨境电商与跨境物流的操作模式和要点的要求。

本书可以作为跨境电商人员、网络创业者、电子商务从业人员,以及各类院校电子商务及相关专业的学生自我提升的学习手册和日常管理工作的指导手册,还可以作为相关培训机构开展岗位培训、团队学习的参考资料。

图书在版编目(CIP)数据

跨境电商与跨境物流一本通/常崇娟编著. -- 北京:
化学工业出版社,2023.5
(外贸经理人的MBA工具书)
ISBN 978-7-122-42957-5

Ⅰ.①跨… Ⅱ.①常… Ⅲ.①电子商务-商业经营②电子商务-物流管理 Ⅳ.①F713.36

中国国家版本馆CIP数据核字(2023)第027740号

责任编辑:陈 蕾　　　　　　　　　文字编辑:王春峰　陈小滔
责任校对:宋 玮　　　　　　　　　装帧设计:溢思视觉设计/程超

出版发行:化学工业出版社(北京市东城区青年湖南街13号　邮政编码100011)
印　　装:大厂回族自治县聚鑫印刷有限责任公司
787mm×1092mm　1/16　印张14　字数273千字　2025年1月北京第1版第1次印刷

购书咨询:010-64518888　　　售后服务:010-64518899
网　　址:http://www.cip.com.cn

凡购买本书,如有缺损质量问题,本社销售中心负责调换。

定　　价:68.00元　　　　　　　　　　　　　　　版权所有　违者必究

PREFACE 前言

近年来,我国系统性惠企政策为"稳外贸"提供了有力的支撑。各地进一步深化"放管服"改革,简化通关手续,优化作业流程,全面推进"两步申报""绿色通道"及免到场查验等便利化措施,通关效率大大提升。各部门加大金融、保险、财税支持力度,帮助外贸企业渡难关、降成本、保市场、保订单,也有力地促进了出口。

围绕"稳外贸"工作目标,我国各级政府部门、外贸企业不断策划线上线下活动,开展培训,及时发布外贸政策、外贸业务知识、国际贸易形势及风险提示等,推动外贸企业和电商企业健康蓬勃发展,助力外贸企业开拓国外市场,实现国内国际双循环发展。

国务院办公厅 2021 年 7 月印发的《关于加快发展外贸新业态新模式的意见》指出,"新业态新模式是我国外贸发展的有生力量,也是国际贸易发展的重要趋势。加快发展外贸新业态新模式,有利于推动贸易高质量发展,培育参与国际经济合作和竞争新优势,对于服务构建新发展格局具有重要作用"。

为了使我国外贸健康持续创新发展,我们可以运用新技术新工具赋能外贸发展。例如:推广数字智能技术应用;完善跨境电商发展支持政策,扩大跨境电子商务综合试验区试点范围;培育一批优秀海外仓企业,鼓励传统外贸企业、跨境电商和物流企业等参与海外仓建设;完善覆盖全球的海外仓网络,提高海外仓数字化、智能化水平,促进中小微企业"借船出海",带动国内品牌、双创产品拓展国际市场空间等。

在政府的支持下,外贸企业迎来了很好的发展机遇,当然也面临更大的挑战。基于此,为了帮助外贸企业管理工作者更好地完成本职工作,充分发挥外贸企业人员在企业发展中的作用,我们组织有关专家编写了本书。

《跨境电商与跨境物流一本通》主要包括跨境电商概述、跨境电商平台、跨境电商网上开店、跨境电商通关与报税、跨境电商支付、跨境电商物流配送、跨境电商营销方式等内容。

本书采用图文解读的方式,让读者在轻松阅读中了解跨境电商与跨境物流知识并学以致用。本书注重实操性,以精确、简洁的方式讲述重要知识点,尽可能地满足读者希望快速掌握跨境电商与跨境物流的操作模式和要点的要求。

本书可以作为跨境电商人员、网络创业者、电子商务从业人员，以及各类院校电子商务及相关专业的学生自我充电、自我提升的学习手册和日常管理工作的指导手册，还可以作为相关培训机构开展岗位培训、团队学习的参考资料。

由于编者水平有限，书中难免出现疏漏与缺憾之处，敬请读者批评指正。

编著者

CONTENTS 目录

第一章　跨境电商概述

跨境电商的消费者遍布全球，拥有强大的市场潜力，而在中国政府和企业的大力推动下，跨境电商市场规模逐渐扩大，已围绕整个跨境贸易形成了一条从营销到支付、物流和金融服务的清晰、完整的产业链。

第一节　跨境电商概述 2
　　一、跨境电商的定义 2
　　二、跨境电商的特征 3
　　三、跨境电商的发展阶段 4
　　四、跨境电商的发展现状 5

第二节　跨境电商的分类 9
　　一、按跨境物流的商品流通方向分类 9
　　二、按交易主体分类 14
　　三、按平台服务类型分类 14
　　四、按平台运营方式分类 14

第三节　跨境电商的主要模式 17
　　一、跨境电商B2B 17
　　二、跨境电商B2C 18
　　三、跨境电商C2C 19

第二章　跨境电商平台

近年来各跨境电商平台相继成立，在激烈竞争中不断提升用户体验，不断扩大中国跨境电商交易规模。

第一节　出口跨境电商平台 22
　　一、亚马逊 22

二、全球速卖通 22
　　三、eBay 22
　　四、TikTok 23
　　五、Wish 23
　　六、环球资源网 23
　　七、敦煌网 24
　　八、中国制造网 24
　　九、兰亭集势 24
　　十、全球贸易通 25
　　十一、其他的出口跨境电商 25
第二节　进口跨境电商平台 25
　　一、天猫国际 25
　　二、京东国际 26
　　三、考拉海购 26
　　四、洋码头 27
　　五、蜜芽 27
　　六、亚马逊海外购 28
　　七、行云集团 28
　　八、笨土豆 28
　　九、跨境翼 29
第三节　本土化跨境电商平台 29
　　一、Flipkart 29
　　二、Newegg 30
　　三、Mercadolivre 30
　　四、Trademe 30

第三章　跨境电商网上开店

　　如同在线下做生意要有门店一样，跨境电商想将生意做到全球，也得在跨境电商平台上有自己的门店。

第一节　选择跨境电商平台 32
　　一、电商平台的入驻规则 32
　　二、电商平台的排名机制 34

	三、电商平台的市场情况及发展趋势	37
	四、电商平台的规则和扶持力度	37
	五、电商平台物流系统的完善度	37
	六、平台的费用支出和押金额度	38
第二节	注册店铺	38
	一、注册资质与所需资料	38
	二、注册流程	40
第三节	选品	59
	一、适合做跨境电商的产品	59
	二、选品市场调查与分析	61
	三、目标市场的确定	62
	四、跨境选品的原则	63
	五、跨境选品的技巧	66
	六、避免选品侵权	68
	相关链接 在不同平台如何进行选品	69
第四节	店铺运营	70
	一、做好产品描述	70
	相关链接 产品描述的黄金法则	71
	二、进行组合销售	72
	三、提升复购率	74
第五节	客户服务	76
	一、客户服务的职能	76
	二、客服人员应具备的能力	76
	三、做好客户服务的技巧	79
	四、解决客户争议的流程	80
	五、处理客户争议的方式	81
	六、客户评价处理	82

第四章 跨境电商通关与报税

海关对不同管理对象、不同贸易方式的进出口货物,在具体通关环节和手续上有不同要求。

第一节	办理注册登记		86
	一、跨境电商企业的类型		86
	二、办理注册登记		87
	三、办理注册登记流程		87
第二节	零售进出口商品监管		90
	一、通关管理		90
	二、税收征管		92
	三、场所管理		92
	四、检疫、查验和物流管理		92
	五、退货管理		93
第三节	零售进口商品通关		93
	一、跨境电商零售进口通关模式		93
	二、主要通关流程		95
	三、"中国国际贸易单一窗口"和"互联网+海关"跨境电商进口申报		96
	四、通关注意事项		99
第四节	跨境电商出口通关		100
	一、跨境电商B2B出口通关		100
	相关链接 三单对碰		104
	二、跨境电商B2C出口通关		108
第五节	税务处理		109
	一、跨境进口电商税务处理		109
	二、跨境出口电商税务处理		110
第六节	出口退税		112
	一、什么是出口退税		113
	二、出口退税对跨境电商的影响		113
	三、跨境电商出口退税的报关监管模式		113
	四、跨境电商出口退税的条件		117
	五、跨境电商出口退税的申报		118
	六、跨境电商出口退税的单证备案		119

第五章　跨境电商支付

跨境电商支付是指在跨境电商交易中，商品买方将约定货币种类和数量跨境支付给商品卖方的行为。在跨境电商中，跨境支付是一个非常重要的环节，影响着跨境电商的核心利益。

第一节 跨境电商支付概述 122
    一、跨境电商常见支付类型 122
    二、跨境电商常见支付方式 125
    三、跨境电商支付的难题 127
    四、跨境电商支付的创新方式 127
        相关链接 《关于进一步优化跨境人民币政策支持稳外贸稳外资的通知》节选 129
        相关链接 Payoneer的注册流程 131

第二节 跨境电商支付安全 137
    一、境内消费者的支付安全 137
    二、跨境电商企业的支付安全 138

第六章 跨境电商物流配送

    跨境电商物流作为服务于跨境电商产业链条的关键环节,其费用占据跨境电商交易成本的20%~30%。跨境电商的发展是物流、信息流和资金流的协调发展,跨境电商物流作为重要一环,其发展状况影响着整个跨境电商的发展。跨境电商为国际物流的发展提供了市场机遇,而国际物流的完善则是跨境电商发展的必要条件。

第一节 跨境物流认知 142
    一、跨境物流的重要性 142
    二、跨境物流的痛点 142
    三、跨境物流的风险 144
    四、跨境物流的成本控制 146

第二节 跨境电商物流分类 148
    一、直邮模式 149
    二、海外仓模式 150
    三、边境仓模式 151
        相关链接 中俄跨境电商边境仓 151
    四、第三方物流模式 152
    五、第四方物流模式 153
    六、专线模式 154

第三节 跨境物流选择 154
    一、选择跨境物流的依据 155

二、选择跨境物流的原则 157
　　三、选择跨境物流的技巧 157
　　四、优化跨境物流的策略 158

第四节　海外仓建设 161
　　一、建设海外仓的优点 161
　　　　相关链接　海外仓成为中国制造海外支点 162
　　二、建设海外仓的缺点 163
　　三、海外仓的模式 164
　　　　相关链接　不同海外仓模式的比较 167
　　四、如何选择海外仓 168

第七章　跨境电商营销方式

跨境电商应注重自身的营销运作，力求用较好的营销模式占领市场，维持企业的健康稳定发展。

第一节　品牌营销 170
　　一、品牌的概念 170
　　二、品牌营销的好处 170
　　　　相关链接　电商企业如何建构品牌 172
　　三、品牌营销的策略 172
　　　　相关链接　跨境电商品牌出海应考虑的问题 175
　　四、品牌推广的误区 177

第二节　电子邮件营销 179
　　一、电子邮件营销的因素 179
　　二、电子邮件营销的特点 179
　　三、电子邮件营销的原则 180
　　四、电子邮件营销的策略 181

第三节　社交媒体营销 183
　　一、社交媒体营销的特点 184
　　二、社交媒体营销的优势 184
　　三、社交媒体营销的策略 186
　　　　相关链接　社交媒体营销的误区 188
　　四、适合跨境电商的社交媒体 189

    相关链接　Facebook营销要点 190
    相关链接　Twitter营销技巧 191
    相关链接　YouTube如何利用视频引流 193
    相关链接　Pinterest营销技巧 195

第四节　搜索引擎营销 196
  一、搜索引擎营销的价值 196
  二、搜索引擎营销的特点 196
  三、搜索引擎营销的宗旨 197
  四、搜索引擎营销的推广方式 197
    相关链接　如何做好搜索引擎营销 199

第五节　达人营销 203
  一、什么是达人营销 203
  二、达人营销的特点 203
  三、达人营销的优势 204
  四、营销中达人的选择 205
    相关链接　如何挑选适合产品的达人 205

第六节　口碑营销 206
  一、什么是口碑营销 206
  二、口碑营销的方式 207
  三、口碑营销的关键因素 207
  四、口碑营销的条件 208
  五、口碑营销的策略 210

参考文献 212

第一章 跨境电商概述

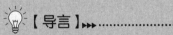【导言】

跨境电商的消费者遍布全球,拥有强大的市场潜力,而在中国政府和企业的大力推动下,跨境电商市场规模逐渐扩大,已围绕整个跨境贸易形成了一条从营销到支付、物流和金融服务的清晰、完整的产业链。

第一节 跨境电商概述

由于电子信息技术和经济全球化的进一步发展，电子商务在国际贸易中的影响力和关键作用日渐凸显，已变成中国出口贸易的市场趋势。未来的跨境电商必定有助于减少经济成本，推动全球贸易便利化，提高国内群众福祉，打造良好的营商环境，推动经济长期健康发展。

一、跨境电商的定义

跨境电商，即"跨境贸易电子商务"，是电子商务应用过程中一种较为高级的形式，是指不同国别或地区间的交易双方通过电子商务平台达成交易、进行支付结算，并通过跨境物流送达商品，进而完成交易的一种国际商务活动。跨境电商实际上就是把传统国际贸易加以网络化、电子化、数字化的新型贸易方式。跨境电商以电子技术和物流为手段，以商务为核心，把原来传统的销售、购物渠道转移到互联网上，打破国家与地区间的壁垒。生产厂商（供货商）借助跨境电商实现了全球化、网络化、即时性、个性化、一体化服务。

海关总署公告2014年第12号《关于增列海关监管方式代码的公告》，增列海关监管方式代码"9610"，全称跨境贸易电子商务，简称电子商务，适用于境内个人或电子商务企业通过电子商务交易平台实现交易，并采用"清单核放、汇总申报"模式办理通关手续的电子商务零售进出口商品，通过海关特殊监管区域或保税监管场所一线的电子商务零售进出口商品除外。

海关总署公告2014年第57号《关于增列海关监管方式代码的公告》，增列海关监管方式代码"1210"，全称保税跨境贸易电子商务，简称保税电商，适用于境内个人或电子商务企业在经海关认可的电子商务平台实现跨境交易，并通过海关特殊监管区域或保税监管场所进出的电子商务零售进出境商品，海关特殊监管区域、保税监管场所与境内区外（场所外）之间通过电子商务平台交易的零售进出口商品不适用该监管方式。

海关总署公告2016年第75号《关于增列海关监管方式代码的公告》，增列海关监管方式代码"1239"，全称保税跨境贸易电子商务A，简称保税电商A，适用于境内电子商务企业通过海关特殊监管区域或保税物流中心（B型）一线进境的跨境电商零售进口商品。国内15个试点城市，以及2019年新设的22个跨境电商综合试验区的城市，暂不适用"1239"监管方式开展跨境电子商务零售进口业务。

海关总署公告2020年第75号《关于开展跨境电子商务企业对企业出口监管试点的公告》，增列海关监管方式代码"9710"，全称跨境电子商务企业对企业直接出口，简称跨境电商 B2B 直接出口，适用于跨境电商 B2B（企业对企业）直接出口的货物。根据海关报关单位注册登记管理有关规定，跨境电子商务企业向所在地海关办理注册登记。增列海关监管方式代码"9810"，全称跨境电子商务出口海外仓，简称跨境电商出口海外仓，适用于跨境电商出口海外仓的货物。

海关总署公告 2020 年第 92 号《关于扩大跨境电子商务企业对企业出口监管试点范围的公告》，增加上海、福州、青岛、济南、武汉、长沙、拱北、湛江、南宁、重庆、成都、西安等 12 个直属海关开展跨境电商 B2B 出口监管试点。

海关总署公告 2021 年第 47 号《关于在全国海关复制推广跨境电子商务企业对企业出口监管试点的公告》，在现有试点海关基础上，在全国海关复制推广跨境电商 B2B 出口监管试点。跨境电商企业、跨境电商平台企业、物流企业等参与跨境电商 B2B 出口业务的境内企业，应当依据海关报关单位备案有关规定，向所在地海关办理备案。

海关总署公告 2021 年第 70 号《关于全面推广跨境电子商务零售进口退货中心仓模式的公告》，为落实《国务院关于做好自由贸易试验区第六批改革试点经验复制推广工作的通知》（国函〔2020〕96 号）要求，便捷跨境电子商务零售进口商品退货，海关总署决定全面推广"跨境电子商务零售进口退货中心仓模式"。

二、跨境电商的特征

跨境电商作为新型的贸易模式，融合了国际贸易和电子商务两方面的特点，具有以下几个明显的基本特征。

1. 全球化和非中心化

跨境电商依附于跨关税区域的网络，具有全球化和非中心化的特征。参加跨境贸易的各方通过网络在全世界范围内进行贸易，涉及有关交易的各方系统，包括双方国家进出口公司系统、海关系统、银行金融系统、税务系统、运输系统、保险系统等。由于跨境电商基于虚拟的网络空间展开，互联网用户不需要考虑跨越国界就可以把产品尤其是高附加值产品和服务提交到市场；消费者不需太关注制造商所在地，只需接入互联网就可以实现交易。

2. 信息化

跨境电商以现代信息技术和网络渠道为交易途径，主要采用无纸化操作的方式。计算机通信记录取代了一系列的纸质文件，交易双方的信息发送和接收过程实现了无纸化。为使无纸化贸易顺利进行及保障买卖双方的利益，拥有高效、安全的信息系统是重中之重。以跨境电商物流信息化为例，跨境电商物流信息化是指跨境电商企业（平台）通过采用电子数据交换技术、条码技术、射频识别技术、全球定位系统（GPS）、地理信息系统（GIS）等现代信息技术把资源整合起来，提高整个供应链对市场的反应能力，从而为客户提供高效率、高水平的服务。

3. 复杂化

跨境电商具有更大的复杂性，主要表现在三个方面。

（1）信息流、资金流、物流等多种要素流动需紧密结合，任何一方面的不足或衔接不好，都会阻碍整体商务活动的完成。

（2）流程繁杂且不完善，国际贸易通常具有非常复杂的流程，涉及海关、检疫检验、外汇、税收、货运等多个环节，而电子商务作为新兴交易方式，在通关、支付、税收等领域的法规，目前还不太完善。

（3）风险触发因素多，跨境电商容易受到国际经济政治宏观环境和各国政策的影响，需应对政治风险、市场汇率风险、维权风险、知识产权纠纷风险等。

4. 匿名化

由于跨境电商的全球化和非中心化，买家身份和具体的地理位置很难被识别。在线交易的买家大多不会显示自己具体的位置和身份，但是这并不影响交易的进行，网络匿名制也允许买家这样做。

三、跨境电商的发展阶段

我国跨境电商在二十多年间从无到有、从弱到强，经历了从萌芽到成长，从探索到成熟的四个阶段。当前，我国跨境电商产业正在加速外贸创新发展进程，已经成为我国外贸发展的新引擎。我国跨境电商的发展阶段如图1-1所示。

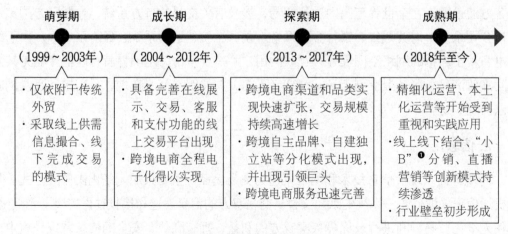

图1-1 跨境电商的发展阶段

---

❶ "小B"指从事社交分销的群体，以分销为目的的代理。

四、跨境电商的发展现状

2021年,中国跨境电商来到历史性拐点,从产品出海时代迈向品牌出海时代。在整个生态层面,一方面,中国供应链与全球新消费发生化学反应,跨境电商原生品牌引领,传统品牌、新消费品牌跟进,形成中国品牌出海新势力;另一方面,独立站SaaS(software as a service,软件即服务)、海外营销、知识产权类企业加入,持续完善品牌出海服务生态。

1. 跨境电商模式持续演进

近年来,消费者的消费需求大规模向线上转移,全球主要国家和地区网络零售进入高速增长期,也为跨境电商发展提供了充足的成长空间。此外,在独立站、直播短视频、社交媒体的带动下,跨境电商DTC营销模式(direct to consumer,直接面对消费者的营销模式)出现爆发式增长,为出海企业创造了全新链路,跨境电商进入多模式并行阶段,同时形成全新的跨境电商产业生态。跨境电商的产业链如图1-2所示。

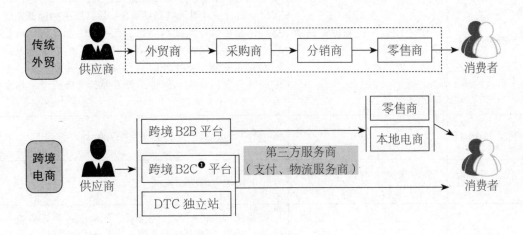

图1-2 跨境电商的产业链

2. 跨境电商市场格局多样化

纵观全球市场,以美国、英国、德国、西班牙及法国为代表的成熟市场以及东南亚、中东、南美等新兴市场,2020年网络零售额同比增速普遍高于15%,需求端的持续扩增,为跨境电商出口创造了良好的增量空间,跨境电商出口形成了成熟市场、新兴市场、潜力市场等多层次市场共存的市场格局。

---

❶ B2C指企业对个人的电子商务模式。

3. 跨境电商市场规模不断扩大

近两年来，线下消费受到抑制，为线上消费带来了全球性的机遇。与此同时，国家政策的支持，促进了跨境电商快速发展。和以往不同的是，企业布局从欧美等发达国家转向多市场、多渠道，日本、韩国、沙特等跨境电商新市场的交易额也在快速发展。在产品品类上，家居等产品交易活跃。

4. 政策层面持续支持跨境电商发展

近年来，跨境电商成为推动外贸转型升级、打造新经济增长点的重要突破口，政策也不断加持跨境电商的发展。自2012年以来，国家持续不断出台政策法规，支持跨境电商的发展，具体如表1-1所示。

表1-1 近年来出台的跨境电商主要政策法规

时间	政策法规	相关内容
2021年11月	《"十四五"对外贸易高质量发展规划》	明确"十四五"期间对外贸易发展指导思想、主要目标和工作重点，引导市场主体行为，积极扩大进口、优化出口，推动对外贸易高质量发展，服务构建新发展格局，开拓合作共赢新局面。支持加快发展贸易新业态，包括促进跨境电商持续健康发展、推进市场采购贸易方式发展、发挥外贸综合服务企业带动作用、加快海外仓发展、推动保税维修发展、支持离岸贸易发展等
2021年10月	《"十四五"电子商务发展规划》	倡导开放共赢，支持跨境电商和海外仓发展
2021年9月	《国企电子商务创新发展行动计划》	推动跨境电商协同发展
2021年7月	《国务院办公厅关于加快发展外贸新业态新模式的意见》	鼓励跨境电商平台、经营者、配套服务商等各类主体做大做强，加快自主品牌培育。支持外贸细分服务平台发展壮大，鼓励外贸细分服务平台在各区域、各行业深耕垂直市场，走"专精特新"之路。鼓励外贸企业自建独立站，支持专业建站平台优化提升服务能力。明确培育一批优秀的海外仓企业
2020年11月	《区域全面经济伙伴关系协定》（RCEP）	RCEP协定的第十二章详细列出了"电子商务"的具体条款。第十二章第四节"促进跨境电子商务"，包括计算设施的位置和通过电子方式跨境传输信息。在通过电子方式跨境传输信息上，一是缔约方认识到每一缔约方对于通过电子方式传输信息可能有各自的监管要求；二是一缔约方不得阻止涵盖的人为进行商业行为而通过电子方式跨境传输信息等

续表

时间	政策法规	相关内容
2020年11月	《国务院办公厅关于印发全国深化"放管服"改革优化营商环境电视电话会议重点任务分工方案的通知》	推进跨境电商综合试验区建设
2020年11月	《国务院办公厅关于推进对外贸易创新发展的实施意见》	促进跨境电商等新业态发展
2020年8月	《国务院办公厅关于进一步做好稳外贸稳外资工作的意见》	支持跨境电商平台、跨境物流发展和海外仓建设
2020年7月	《国务院关于做好自由贸易试验区第六批改革试点经验复制推广工作的通知》	在全国范围内复制推广跨境电商零售进口退货中心仓模式
2020年6月	《国务院关于落实〈政府工作报告〉重点工作分工的意见》	加快跨境电商等新业态发展，提升国际货运能力
2020年6月	海关总署公告2020年第75号《关于开展跨境电子商务企业对企业出口监管试点的公告》	增设"跨境电子商务企业对企业直接出口"（9710）、"跨境电子商务出口海外仓"（9810）代码
2020年5月	《国家外汇管理局关于支持贸易新业态发展的通知》	从事跨境电商的企业可将出口货物在境外发生的仓储、物流、税收等费用与出口货款轧差结算。跨境电商企业出口至海外仓销售的货物，汇回的实际销售收入可与相应货物的出口报关金额不一致。跨境电子商务企业按现行货物贸易外汇管理规定报送外汇业务报告
2020年5月	《国务院关于同意在雄安新区等46个城市和地区设立跨境电子商务综合试验区的批复》	同意在雄安新区、大同市、满洲里市、营口市、盘锦市、吉林市、黑河市、常州市、连云港市等46个城市和地区设立跨境电子商务综合试验区
2020年3月	海关总署公告2020年第45号《关于跨境电子商务零售进口商品退货有关监管事宜公告》	跨境电商出口企业、特殊区域内跨境电商相关企业或其委托的报关企业可向海关申请开展跨境电商零售出口、跨境电商特殊区域出口、跨境电商出口海外仓商品的退货业务
2020年1月	《商务部 发展改革委 财政部 海关总署 税务总局 市场监管总局关于扩大跨境电商零售进口试点的通知》	将进一步扩大跨境电商零售进口试点范围，本次扩大试点后，跨境电商零售进口试点范围将从37个城市扩大至海南全岛和其他86个城市（地区），覆盖31个省、自治区、直辖市
2019年12月	《中共中央 国务院关于推进贸易高质量发展的指导意见》	推进跨境电子商务综合试验区建设，促进贸易新业态发展，增添贸易发展新动能
2019年1月	《中华人民共和国电子商务法》	规范了电商行为，维护市场秩序，促进国内电商持续健康发展

续表

时间	政策法规	相关内容
2018年12月	海关总署公告2018年第194号《关于跨境电子商务零售进出口商品有关监管事宜的公告》	该公告进一步全面规定了跨境电商企业管理、零售进出口商品通关管理等事项。为跨境电商零售进出口监管工作提供了详细的法律依据,促进跨境电商的健康有序发展
2018年12月	《市场监管总局关于做好电子商务经营者登记工作的意见》	要求电商经营者申请登记为个体工商户的,允许其将网络经营场所作为经营场所进行登记,允许将经常居住地登记为住所,但不得开展线下经营活动
2018年11月	海关总署公告2018年第165号《关于实时获取跨境电子商务平台企业支付相关原始数据有关事宜的公告》	该公告要求参与跨境电商零售进口业务的跨境平台企业应当向海关开放支付相关原始数据,供海关验核
2018年11月	《财政部 海关总署 国家税务总局关于完善跨境电子商务零售进口税收政策的通知》	通知对税收进行三个方面的调整。一是将年度交易限值由每人每年2万元调整至2.6万元,将单次交易限值由每人每次2000元调整至5000元。二是明确完税价格超过单次交易限值但低于年度交易限值且订单下仅一件商品时,可以通过跨境电商零售渠道进口。按照货物税率全额征收关税和进口环节增值税、消费税,交易额计入年度交易总额。三是明确已经购买的电商进口商品不得进入国内市场再次销售
2018年9月	《财政部 税务总局 商务部 海关总署关于跨境电子商务综合试验区零售出口货物税收政策的通知》	自2018年10月1日起,对综合试验区(简称综试区)电商出口企业出口未取得有效进货凭证的货物,同时符合条件的,试行增值税、消费税免税政策
2018年8月	《国家知识产权局办公室关于深化电子商务领域知识产权保护专项整治工作的通知》	加大重点区域整治力度,加大重点案件打击和曝光力度,加大线下源头追溯和打击力度
2018年7月	《国务院关于同意在北京等22个城市设立跨境电子商务综合试验区的批复》	新设一批综试区,逐步完善促进其发展的监管制度、服务体系和政策框架,推动跨境电商在更大范围发展
2018年4月	海关总署公告2018年第27号《关于规范跨境电子商务支付企业登记管理》	进一步规范海关跨境电商监管工作
2018年3月	《商务部办公厅关于做好电子商务统计工作的通知》	强化电商统计制度执行,建立企业联系机制;优化样本结构,抓好重点企业;提高数据质量,确保工作时效
2017年11月	《商务部等14部门关于复制推广跨境电子商务综合试验区探索形成的成熟经验做法的函》	将跨境电商线上综合服务和线下产业园"两平台"及信息共享、金融服务、智能物流、风险防控等监管和服务"六体系"等成熟做法面向全国复制推广。请各地结合实际,深化"放管服"改革,加强制度、管理和服务创新,积极探索新经验,推动跨境电商健康快速发展,为制定跨境电商国际标准发挥更大作用

续表

时间	政策法规	相关内容
2015年3月	《国务院关于同意设立中国（杭州）跨境电子商务综合试验区的批复》	首次设立跨境电商综合试验区
2014年7月	海关总署公告2014年第56号《关于跨境贸易电子商务进出境货物、物品有关监管事宜的公告》、海关总署公告2014年第57号《关于增列海关监管方式代码的公告》	明确了对跨境电商的监管框架；增设"保税跨境贸易电子商务"（1210）代码
2014年1月	《海关总署公告2014年第12号关于增列海关监管方式代码的公告》	增设"跨境贸易电子商务"（9610）代码
2013年9月	《国务院办公厅转发商务部等部门关于实施支持跨境电子商务零售出口有关政策意见的通知》	首次明确指出需要为出口电商制定新的针对性监管模式，扶持出口电商发展。新的监管模式均要求出口电商与监管机构实现数据对接和信息共享，在此基础上便于监管机构对电商企业进行更全方位的监管和提供更便捷的服务措施
2013年2月	《支付机构跨境电子商务外汇支付业务试点指导意见》	最早对跨境支付业务提供指导支持

5.跨境电商制度体系基本成熟

在跨境电商监管和公共服务层面，海关总署、财政部、外汇管理局等相关部门，围绕税收、通关检疫、支付结算、结汇等关键瓶颈问题出台针对性政策，已基本形成完善的制度体系，支持中国跨境电商企业合法、合规、低成本开展跨境电商业务。

第二节 跨境电商的分类

跨境电商的主要沟通方法是通过网络实现的，会涉及很多国家和地区。这样一来，跨境电商在进行商品交易的时候就会非常烦琐和复杂，这也导致跨境电商出现了不同的类型和运作模式。

一、按跨境物流的商品流通方向分类

按跨境物流的商品流通方向，跨境电商可以分为出口跨境电商和进口跨境电商。出口跨境电商分为 B2B 类和 B2C 类，B2B 类代表企业有阿里巴巴国际站、环球资源网、中国制造网、敦煌网等；B2C 类代表企业有亚马逊（Amazon）、全球速卖通（简称速卖通）、安可创新等。进口跨境电商也分为 B2B 和 B2C 类，B2B 类代表企业有行云集团、笨土豆等。部分跨境电商的分类如图 1-3 所示。

图 1-3　部分跨境电商的分类

1. 出口跨境电商

出口跨境电商是国外买家访问国内商家的网店，然后下单购买，并完成支付，由国内的商家发国际物流至国外卖家。出口跨境电商起步比较早，如国外的 eBay、亚马逊，国内的阿里巴巴国际站、敦煌网、DX、兰亭集势等，不管是国内还是国外，不管是 B2B 还是 B2C，早在 20 世纪 90 年代就开始了。

出口跨境电商背靠传统外贸优势飞速增长，发端于 B2B，逐步向上下游延伸；B2C 近年兴起且呈现高增速，行业形成平台、自营两大模式。全球经济不振、我国廉价商品广受欢迎、跨境出口提升外贸效率、资本助力等多重因素推动跨境出口快速发展。目前，我国跨境电商贸易是以出口为主。

（1）市场规模。在主要国家的消费者调查中，中国已经成为海外（如美国、英国、马来西亚、法国、德国、日本、西班牙及俄罗斯）消费者跨境购物的主要目的国。随着全球线上购物模式的兴起以及国家对跨境电商利好政策的先后出台，加之消费者对产品品质、功能的要求不断提升，出口跨境电商发展迅速。受政策及发展环境利好驱动，在整体出口量稳定的情况下，出口跨境电商正在逐步取代一般贸易。

（2）传统企业纷纷扬帆出海。近年来，随着"一带一路""海上丝绸之路"的推进，传统出口外贸企业意识到传统线下贸易模式的短板和不足,并纷纷向线上电商平台拓展,利用跨境电商把中国制造产品推向更广阔的海外市场,并逐步树立自有品牌意识。跨境电商逐渐受到传统企业的重视,成为传统企业发展的重要选择,具体原因如图1-4所示。

出口跨境电商是传统外贸企业的未来

出口跨境电商是未来发展的一个重要方向

出口跨境电商为传统企业提供新的渠道

国外新兴市场成为中国跨境电商着力开拓的新"蓝海"

政策扶持促使国内电商加快"走出去"的步伐

图1-4 出口跨境电商受传统企业重视的原因

业内人士指出,在中国外贸增速放缓的背景下,国内电商加快"走出去"的步伐,将形成新的外贸增长点,中小微企业借助电商平台参与全球贸易,有助于它们从全球价值链的低端向中高端攀升,这与"中国制造"转型升级的大方向完全契合。

(3)注重品牌发展。跨境电子商务是外贸发展的新方式,也是企业拓展海外营销渠道、提升我国品牌竞争力、实现我国外贸转型升级的有效途径。

在传统的出口贸易中,很多中国的产品都是通过OEM(原厂委托制造)或ODM(原厂委托设计)的方式输送到海外市场,并没有自己的品牌。而现在中国的跨境电商凭借交易成本的优势,赢得了更大的市场和更高的利润,这让它们具备了打造自主品牌的实力,而互联网的运用更是降低了品牌建设的成本,拓展了品牌推广的渠道。

现在中国正有越来越多有实力的跨境电商,改变过去卖产品的销售模式,开始着力提高产品的附加值,以"性价比"和"服务"去深化市场影响,走上了品牌化发展的道路。也有越来越多的中国产品开始从"无牌"走向"有牌",并渐渐走向"名牌",跨境电商正在逐渐成为一条输出我国民族品牌的主流渠道。

> **小提示**
>
> 现阶段,随着海外流量向社交端转移,品牌价值成为连接中国制造和海外消费者的纽带,随着DTC模式的兴起,跨境原生品牌、新消费品牌以及传统品牌都开始了全球化布局,将跨境电商带入"品牌出海"时代。

2. 进口跨境电商

进口跨境电商一般是国内消费者访问境外商家的购物网站选择商品，然后下单，由境外卖家发国际快递给国内消费者。

进口跨境电商可以分为直邮进口（海外直邮、海外拼邮）和保税进口两种。直邮进口需要依据个人邮递物品纳税，其流程是与海关联网的电商平台将产品的订单、支付凭证以及运单等数据传输给海关，经过海关审核后按照物品征税。这种模式的操作流程更加阳光化，同时信息也非常透明。保税进口就是商家从国外提前批量采购一些商品，将商品运送到保税区备货，客户在网上订货后，商品可以在海关通关，从保税区发货。这种模式降低了电商企业的成本，货物是从国内发出，减少了消费者的等待时间。

海淘兴起后，各大跨境进口电商平台也开始出现，2014年与2015年是跨境进口电商发展的爆发期，跨境网购用户在这两年里急速增长。消费形式的转变拉动了跨境进口电商的发展，而跨境进口电商平台的出现，也带动了传统消费者消费观念的转变，跨境进口电商的发展进入鼎盛时期。

（1）市场规模。在进口跨境电商市场规模方面，根据统计数据，2024年全球跨境电商市场规模预计将达到1.976万亿美元，占全球网上销售总额的31.2%。这一数据表明，跨境电商已成为全球电子商务的主要组成部分，并持续保持高速增长。

（2）市场份额占比。在进口跨境电商方面，我国进口跨境电商B2C市场呈现出一超多强的格局，天猫国际、考拉海购、京东国际、唯品国际排名前列，市场整体处在上升通道，"阿里系"在进口B2C端市场的地位稳固，市场格局基本稳定。跨境电商进口零售市场份额如图1-5所示。

从图1-5可以看出，在进口跨境电商企业中，天猫国际、考拉海购、京东国际等占据着龙头地位，产品布局广，用户规模大，竞争力强劲。

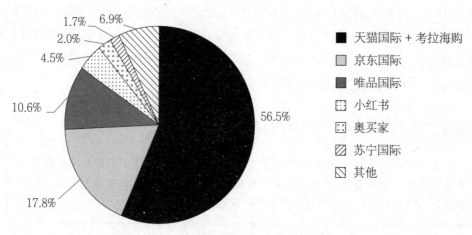

图1-5 跨境电商进口零售市场份额

（3）商品品类丰富。近年来跨境进口电商在国内发展迅猛，许多消费者通过平台购买海外进口商品。目前大家热衷购买的主要有化妆品、母婴用品、食品饮料、服装鞋帽等品类。为顺应海淘消费者需求的升级，各大跨境进口电商平台也在不断扩展平台内进口商品的品类。

比如，天猫国际除了原本的服饰和美妆外，也开拓了红酒、生鲜等新品类；网易考拉海购也丰富了其销售商品品类，目前品类已经覆盖美妆、日用、母婴、服饰、食品及数码等多种品类，并与全球数百家顶级品牌和供货商达成战略合作伙伴关系；洋码头则准备增加进口家具类产品，以满足消费者的需要。

（4）物流模式多样。目前，跨境进口电商主要有图1-6所示三种物流方式。

图1-6 跨境进口电商的物流方式

其中，平台类跨境进口电商，如唯品国际、苏宁国际、美囤妈妈、蜜芽等平台，一般采用海外直邮模式，该模式在海外发货，通过一次性快递配送到位，一般附有商品的采购途径，相对靠谱。

平台类+自营类跨境进口电商平台，如考拉海购、京东国际、亚马逊海外购，大部分采用保税进口模式，即商品提前备货至国内保税仓，配送速度快，商品正品率高。如考拉海购在国内拥有最大保税仓储规模，并在海外多个地区布局海外仓。

个人卖家和海外电商平台，一般采用海外拼邮模式，多位不同买家的商品在海外使用同一包裹发货，到境内后再分拆包裹发货，该模式运费低，但物流时间长，商品经过分拆，可能面临商品被调包、破损等问题，安全性比较差。

综上所述，这三种物流方式的体验对比如表1-2所示。

表1-2 跨境进口电商物流体验对比

体验点	海外直邮	保税进口	海外拼邮
配送速度	较慢	快	较慢
运费价格	高	低	一般
包裹安全性	安全	安全	不安全
适用模式	平台/个人代购	电商平台	个人代购/平台
典型代表	小红书	考拉海购	洋码头

二、按交易主体分类

按照交易主体的不同,跨境电商分为以下三种类型:企业对企业(B2B)的跨境电商、企业对消费者(B2C)的跨境电商及消费者对消费者(C2C)的跨境电商。

从跨境电商B2C看,移动端购物使消费者能够随时、随地、随心购物,从而极大地增加了跨境零售出口电商的成交机会。

从跨境电商B2B看,全球贸易向小额化、碎片化发展的趋势愈加明显,移动技术的发展和跨境电商平台服务能力的提升,给中小外贸企业走向国际市场带来福音。当前,跨境电商B2B是我国出口跨境电商的主角,约占80%。同时,B2C跨境电商增长也非常迅速。

三、按平台服务类型分类

按跨境电商平台服务类型,可以将跨境电商分为以下三类。

1. 信息服务平台

信息服务平台为境内外会员商户提供网络营销平台,传递供应商或采购商等商家的商品或服务信息,促成双方交易,如阿里巴巴国际站、环球资源网和中国制造网等。

2. 在线交易平台

在线交易平台提供企业、产品、服务等多方面信息,可以同时通过平台在线完成搜索、咨询、对比、下单、支付、物流、评价等全购物链环节。在线交易平台模式逐渐成为跨境电商中的主流模式,如敦煌网、速卖通和亚马逊等。

3. 外贸综合平台

外贸综合平台为企业提供通关、物流、退税、保险、融资等一系列的服务,帮助企业完成商品进口或者出口的通关和流通环节,通过融资退税等帮助企业周转,如阿里巴巴一达通。

四、按平台运营方式分类

按跨境电商平台的运营方式,可以将跨境电商分为以下三类。

1. 第三方开放平台

平台型电商通过线上搭建商城,并整合物流、支付、运营等服务资源,吸引商家入驻,为其提供跨境电商交易服务。同时，平台以收取商家佣金和增值服务佣金作为主要盈利手段，如速卖通、敦煌网和阿里巴巴国际站。

2. 自营型平台

自营型电商通过在线上搭建平台，平台方整合供应商资源并通过较低的进价采购商品,然后以较高的价格出售商品。自营型平台以赚取商品差价作为盈利模式,如兰亭集势、米兰网和大龙网。

3. 外贸电商代运营服务商模式

服务提供商能够提供一站式电子商务解决方案，并能帮助外贸企业建立定制的个性化电子商务平台。服务商盈利模式是赚取企业支付的服务费用，如某第三方电商运营机构提供的 TikTok 技术搭建服务，并收取相应的费用（如图 1-7 所示）。企业在选择电商代运营服务商时，要多方面了解，以找到可以满足企业自身需要的优质服务商。

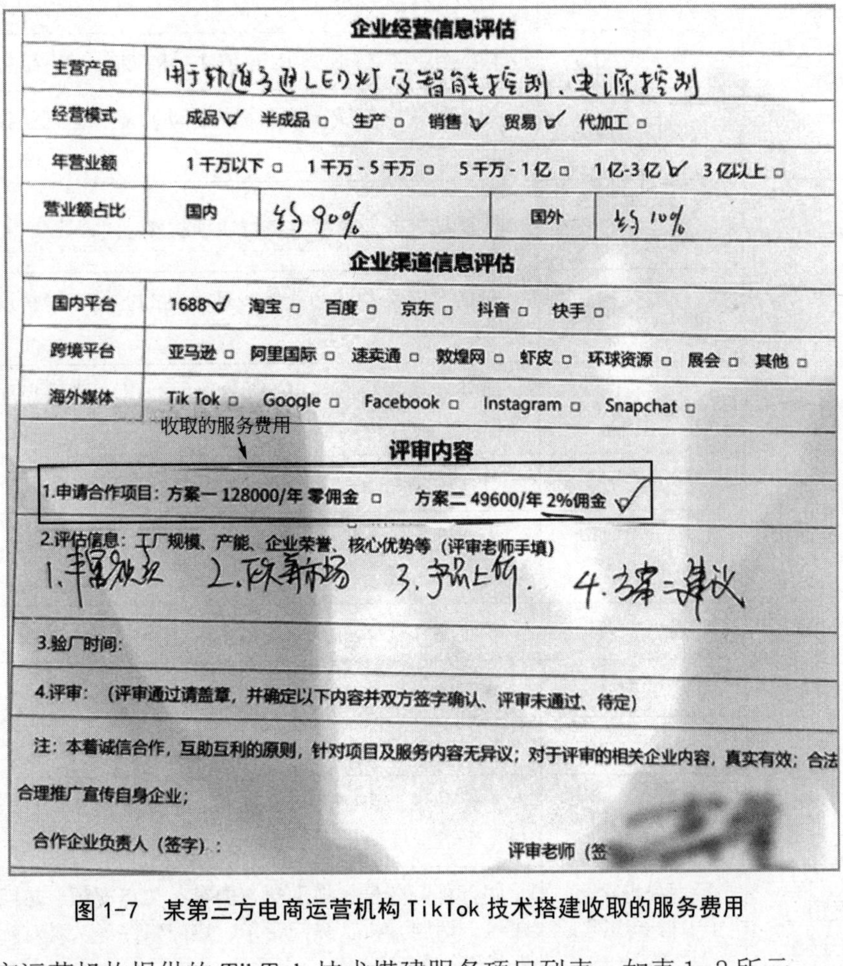

企业经营信息评估

主营产品	用于轨道多组LED灯及智能控制、电源控制			
经营模式	成品 ✓　半成品 □　生产 □　销售 ✓　贸易 ✓　代加工 □			
年营业额	1千万以下 □　1千万-5千万 □　5千万-1亿 □　1亿-3亿 ✓　3亿以上 □			
营业额占比	国内	约90%	国外	约10%

企业渠道信息评估

国内平台	1688 ✓　淘宝 □　百度 □　京东 □　抖音 □　快手 □
跨境平台	亚马逊 □　阿里国际 □　速卖通 □　敦煌网 □　虾皮 □　环球资源 □　展会 □　其他 □
海外媒体	Tik Tok □　Google □　Facebook □　Instagram □　Snapchat □

收取的服务费用

评审内容

1.申请合作项目：方案一 128000/年 零佣金 □　方案二 49600/年 2%佣金 ✓

2.评估信息：工厂规模、产能、企业荣誉、核心优势等（评审老师手填）

3.验厂时间：

4.评审：（评审通过请盖章，并确定以下内容并双方签字确认、评审未通过、待定）

注：本着诚信合作，互助互利的原则，针对项目及服务内容无异议；对于评审的相关企业内容，真实有效；合法合理推广宣传自身企业；

合作企业负责人（签字）：　　　　评审老师（签

图 1-7　某第三方电商运营机构 TikTok 技术搭建收取的服务费用

某电商运营机构提供的 TikTok 技术搭建服务项目列表，如表 1-3 所示。

表 1-3　某电商运营机构提供的 TikTok 技术搭建服务项目

分类	服务内容	服务细节	价格
第一项 基础设备搭建	TikTok 设备（国内）	一台 TikTok 专用手机（由企业方提供）配置好专用网络，50 个国家站点可选择	略
第二项 TikTok 账号定位	行业市场分析	分析目的地市场及行业现状，挖掘市场需求	
	企业核心优势呈现	找准企业核心竞争力，重点展现企业优势，扩展企业渠道链路	
	TikTok 账号定位	打造海外市场产品专属账号标签（账号标签定位用户画像等）	
	内容定位	根据企业核心竞争力，精准定位企业账号，视频文案办理均围绕账号标签和账号定位延展，展示企业核心竞争力	
第三项 TikTok 账号申请	账号申请	TikTok 账号申请	
	账号命名规则	TikTok 账号命名建议	
	账号介绍	根据企业定位和目标用户，在主页精准展示企业信息	
	信息展示规则	规范邮箱、商城链接、私信自动回复等信息留存标准	
第四项 搭建海外商城	搭建企业海外官方网站	搭建品牌海外商城，进行店铺装修、产品上传等	
	shopify 功能模块	包括自定义主题商店、管理产品的促销、销售设置等模块	
	域名申请	海外专属账户域名申请（××元/年，商家自动承担。支持无货源代发模式）	
	网站维护	日常商场的维护及协助企业回复私信、评论	
	一站式独立站服务	为企业独立站配置支付、订单管理、物流系统，邮件召回系统	
	海外仓储	专业海外仓储的对接	
	跨境物流	专业跨境物流公司对接	
	shopify 分销	开通并设置好 shopify 分销功能，设定佣金等	
	结算方式处理	为企业申请跨境 PayPal 账号、港币、美元银行账号，申请提现换汇账号等	
第五项 数据分析	数据分析平台（虚拟专用网）账号	同行视频分析，抓取热点内容、热点视频、热门账号、话题素材、热门音乐、热门事件等，对对标账号进行跟进	

续表

分类	服务内容	服务细节	价格
第六项 内容构建	公司介绍	创始人介绍、公司及工厂介绍、荣誉介绍、品牌介绍等（凸显企业核心优势与竞争力）	略
	文案修正和优化	日常文案优化提炼、文案翻译等，抓取日常热门事件、热点等，增加账号热度	
	短视频拍摄	短视频拍摄含企业主 IP、生产环境、日常办公、机器设备、产品拍摄等，共拍摄 6 条，剪辑 30 条短视频（乙方可提供上门拍摄视频，差旅费实报实销由商家承担，省外工厂根据实际情况而定）	
	短视频剪辑	根据账号定位剪辑视频，添加标题，增加曝光率	
	短视频发布	产品拍摄、剪辑、短视频发布	
	短视频发布及数据检测	短视频发送数据和反馈，对新账号日常拍摄提出建议和指导	
	询盘数据汇总	日常账号询盘、客户信息汇总	
第七项 短视频剪辑工具	短视频剪辑	提供行业优质视频剪辑、批量视频去水印软件	
第八项 线上培训	商品孵化课程	账号注册运营技巧，产品上架、平台机制规则玩法等培训课程（具体以培训服务包内容为准）	
第九项 广告开户及投放	代开 TikTok 广告账户	根据企业要求代企业申请开通 TikTok 广告账户（首金由企业充值）	
	TikTok 广告投放计划搭建	根据企业要求可提供适合企业品类的广告投放计划	
	其他平台广告计划	根据企业要求对接其他广告平台（Facebook、Instagram、YouTube）	
其他		不包含广告开户和投放费用	

第三节　跨境电商的主要模式

按交易主体属性，可将跨境电商分为跨境电商 B2B、跨境电商 B2C 以及跨境电商 C2C。

一、跨境电商B2B

B2B 是"businessb-to-business"的缩写，是企业对企业的商业模式。跨境电商 B2B 是指分属不同关境的企业，通过电子商务平台实现商品交易的各项活动（如达成交易、进行支付结算),并通过跨境物流实现商品从卖家流向买家以及相关的其他活动内容的一种新型电子商务应用模式。现已纳入海关一般贸易统计。

根据平台盈利方式,B2B模式跨境电商平台可分为信息服务平台与交易服务平台。

1. 信息服务平台

信息服务平台通过第三方跨境电商平台进行信息发布或信息搜索,完成交易撮合的服务,其主要盈利模式包括收取会员服务费用和增值服务费用。

(1)会员服务即卖方每年缴纳一定的会员费用后享受平台提供的各种服务,会员费是平台的主要收入来源。目前该种盈利模式市场趋向饱和。

(2)增值服务即买卖双方免费成为平台会员后,平台为买卖双方提供增值服务,主要包括竞价排名、点击付费及展位推广服务。竞价排名是信息服务平台进行增值服务最为成熟的盈利模式。

信息服务平台主要有阿里巴巴国际站、环球资源网。

2. 交易服务平台

交易服务平台能够实现买卖供需双方之间的网上交易和在线电子支付,其主要盈利模式包括收取佣金以及展示费用。

(1)佣金是在成交以后按比例收取一定的费用,不同行业采取不同的量度。买家可以通过真实交易数据准确地了解卖家状况。

(2)展示费是上传产品时收取的费用,不区分展位的大小,只要展示产品信息便收取费用,卖家直接线上支付展示费用。

交易服务平台主要有敦煌网、大龙网。

二、跨境电商B2C

B2C是"business-to-customer"的缩写,是指企业通过互联网为消费者提供一个新型的购物环境——网上商店,消费者可通过网络在网上购物、网上支付,就是通常说的直接面向消费者销售产品和服务的商业零售模式。

跨境电商B2C是指分属不同关境的企业直接面对消费者个人开展在线销售产品或服务活动,在电子商务平台上实现商品交易的各项活动(如达成交易、进行支付结算),并通过跨境物流实现商品从卖家流向买家以及相关的其他活动内容的一种新型电子商务应用模式。作为新兴的跨境消费方式,跨境B2C电商以其强劲的增长动力,已成为跨境消费贸易增长的新引擎。

根据平台运营方式,出口电商B2C服务模式可分为开放平台与自营平台两种。

1. 开放平台

开放平台开放的内容涉及出口电商的各个环节,除了开放买家和卖家数据外,还包括开放商品、店铺、交易、物流、评价、仓储、营销推广等各环节和流程的业务,实现应用和平台系统化对接,并围绕平台建立自身开发者生态系统。

开放平台更多是作为管理运营平台商存在,通过整合平台服务资源同时共享数据,为买卖双方服务。

开放平台主要有 eBay、亚马逊、速卖通。

2. 自营平台

自营平台是指出口电商对其经营产品进行统一生产或采购、产品展示、在线交易,并通过物流配送将产品投放到最终消费群体。

自营平台通过量身定做符合自我品牌诉求和消费者需要的采购标准,来引入、管理和销售各品牌的商品,以品牌为支撑点凸显自身的可靠性。自营平台对商品的引入、分类展示、交易、配送、售后保障等整个交易流程的各个重点管理环节进行发力布局,通过互联网信息技术系统管理、大型仓储物流体系建设,实现对全交易流程的实时管理。

自营平台主要有兰亭集势、环球易购等。

三、跨境电商C2C

跨境电商 C2C 是指分属不同关境的个人卖家对个人买家开展在线销售产品或服务活动,个人卖家与个人买家在电子商务平台上实现商品交易的各项活动,并通过跨境物流实现商品从卖家到买家以及相关的其他活动内容的一种新型电子商务应用模式。

跨境电商 C2C 发展主流模式是海外代购,代表企业是淘宝全球购和洋码头。海外代购模式是指身在海外的人/商户为有需求的中国消费者在当地采购所需商品并通过跨国物流将商品送达消费者手中的模式。从业务形态上看,海外代购可以分为以下两类,即海外代购平台和朋友圈海外代购。

1. 海外代购平台

海外代购平台的运营重点在于尽可能多地吸引符合要求的第三方卖家入驻,自身不会深度涉入采购、销售及跨境物流环节。入驻平台的卖家一般都是具有海外采购能力或者跨境贸易能力的小商家或个人,他们会定期或根据消费者订单集中采购特定商品,在收到消费者订单后再通过转运或直邮模式将商品发往中国消费者手中。

目前,网络平台海外代购主要有 C2C、B2C 两种服务模式:C2C 模式指的是个人在大型购物网站的平台上搭建的私人代购店铺，如淘宝网上的海外代购店铺；而 B2C 模式指的是商家直接搭建的专业代购网站，如美国代购网、易趣网。其中，C2C 模式又可以划分为两种不同的服务方式：一种为卖家依据消费者对品牌、型号、尺寸等产品相关信息的要求，在海外购买并以邮寄或者随身携带的方式入境；另一种为卖家提前将国外的热销产品购买至国内，在网络店铺中展示产品并出售。

2. 朋友圈海外代购

微信（Wechat）是近几年兴起的一个为智能终端提供即时通信服务的免费应用程序。

微信朋友圈代购是依靠熟人、半熟人社交关系从移动社交平台自然生长出来的原始商业形态。虽然社交关系对交易的安全性和商品的真实性起到了一定的背书作用，但受骗的例子并不在少数。随着海关政策的收紧，监管部门对朋友圈个人代购的定性很可能会从灰色贸易转为走私性质。所以，在海外代购市场格局完成未来整合后，这种原始模式恐怕将难以为继。

第二章 跨境电商平台

【导言】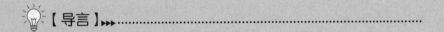

近年来各跨境电商平台相继成立,在激烈竞争中不断提升用户体验,不断扩大中国跨境电商交易规模。

第一节　出口跨境电商平台

随着国际环境的变化，传统外贸形式已经无法满足我国外贸业的需求，跨境电商行业应运而生。在我国外贸出口额保持 10% 增长的同时，跨境电商实现 30% 的增长，各种各样的电商平台也逐渐涌现。在此，简要介绍几个常见的出口跨境电商平台。

一、亚马逊

凡从事跨境电商或者有跨境电商消费经历的朋友都应该知道亚马逊。亚马逊目前是全球最大的跨境电商平台，在"2020 年 BrandZ 全球最具价值品牌百强榜"中，亚马逊再次位居榜首，稳坐电商平台头把交椅。

亚马逊立足全球电子商务，在各国设有独立的电商平台，例如亚马逊美国、亚马逊德国、亚马逊日本等。不过亚马逊的目标市场也是比较明确的，那就是面向经济发达国家和地区，所以，亚马逊对入驻商家的要求非常高，商品质量、服务、价格都有特殊要求，想要入驻亚马逊的卖家最好有品牌、有货源优势，否则很难获准入驻，小卖家、个人卖家可以忽略。

二、全球速卖通

全球速卖通是阿里巴巴旗下的出口跨境电商平台，成立于 2010 年，覆盖全球 220 多个国家及地区，为来自世界各地的买家提供服务，海量资源助力中国品牌出海。

速卖通被广大卖家称为国际版"淘宝"。像淘宝一样，卖家把产品编辑成在线信息，通过速卖通平台，发布到海外。发货流程类似国内快递，通过国际快递，将产品运输到买家手上。

速卖通在全球战略中着眼于亚马逊、eBay 的空白点，也就是进入发展中国家和地区的电子商务领域，例如东南亚地区等，这些地区的经济水平相对较为落后，电子商务仍属初级阶段。

三、eBay

eBay（电子湾、亿贝、易贝），于 1995 年 9 月 4 日由 Pierre Omidyar 以 Auctionweb 的名称创立于美国加利福尼亚州圣何塞。作为全球最大的在线交易平台之一，eBay 帮助人们在全球几乎任何一个国家进行买卖交易。

eBay 与淘宝的模式类似，店铺操作较为简单，并且开店是免费的，门槛低，适合于各类卖家，不过入驻流程中需要办理的手续会较多，这一点又不同于淘宝，也反映了 eBay 对卖家信誉的重视。总体来说，eBay 的投入较小。

eBay 在美国、英国、澳洲、中国、阿根廷、奥地利、比利时、巴西、加拿大、德国、法国、爱尔兰、意大利、马来西亚、墨西哥、荷兰、新西兰、波兰、新加坡、西班牙、瑞典、瑞士、泰国、土耳其均设有适合当地消费者浏览的独立平台，考虑到了不同地区用户的浏览体验。不过 eBay 的核心市场仍旧是欧美，卖家在选择时还是要以目标市场为主，如果侧重于欧美市场的开拓，选择 eBay 是个不错的选择。

四、TikTok

TikTok 是字节跳动旗下的短视频社交平台，于 2017 年 5 月上线，愿景是"激发创造，带来愉悦(inspire creativity and bring joy)"。TikTok 在全球各地设有办公室，包括洛杉矶、纽约、伦敦、巴黎、柏林、迪拜、孟买、新加坡、雅加达、首尔和东京等。

TikTok 是这几年国际访问量上升最快的互联网网站，是全球领先的短视频平台。数据显示，仅 4 年时间，TikTok 跻身"全球 App 10 亿 MAU（ monthly active users, 月活跃数）俱乐部"，比 Facebook 整整快了一倍。TikTok 曾多次登上美国、印度、德国、法国、日本、印尼和俄罗斯等地"App Store"或"Google Play"总榜的首位。

"短视频＋直播带货"的中国成功带货模式全球化是不容小觑的新风口。之后 TikTok 的全球小店布局，一定会有另一批新生势力的诞生。

五、Wish

Wish 是 2011 年成立的一家高科技独角兽公司，有 90% 的卖家来自中国，也是北美和欧洲最大的移动电商平台。

Wish 是基于 App 的跨境电商平台，更侧重于移动端的流量聚集。在 Wish 平台上，很多商品例如珠宝、手机、服装都是从中国发货。虽然商品的价格低廉，但是 Wish 使用独特的推荐方式能够对产品的质量进行保障，确保用户的利益。Wish 在技术上实现革新，更智能的推送技术可以为每一个消费者推送喜欢的产品，实现精准营销并吸引和留住大量用户。

六、环球资源网

环球资源网是一个国际公认的 B2B 采购平台，已经推动全球贸易 50 多年。该公司通过贸易展览、数字平台和杂志，通过量身定制的解决方案和可信的市场情报，将世界各地的真正买家和经验证的供应商联系在一起。

七、敦煌网

敦煌网于 2004 年创立，是领先的 B2B 跨境电子商务交易平台。敦煌网自创办伊始就专注于小额 B2B，为跨境电商产业链上的中小微企业的店铺运营、流量营销、仓储物流、支付金融、客服风控、关检汇税、业务培训等环节全链路赋能，帮助中国制造对接全球采购，实现"买全球，卖全球"。

通过整合传统外贸企业在关检、物流、支付、金融等领域的生态圈合作伙伴，敦煌网打造了集相关服务于一体的全平台、线上化外贸闭环模式，极大降低了中小企业对接国际市场的门槛，不仅赋能国内中小企业，也惠及全球中小微零售商，并成为二者之间的最短直线。

敦煌网在品牌优势、技术优势、运营优势、用户优势四大维度上，已建立起难以复制的竞争优势。目前已拥有 230 万以上累计注册供应商，年均在线产品数量超过 2500 万，累计注册买家超过 3640 万，覆盖全球 223 个国家及地区，拥有 100 多条物流线路和 10 多个海外仓，71 个币种支付能力，在北美、拉美、欧洲等地设有全球业务办事机构。

八、中国制造网

中国制造网内贸站创立于 1998 年，是由焦点科技股份有限公司运营的国内综合性第三方 B2B 电子商务服务平台。网站立足内贸领域，致力于为国内中小企业构建交流渠道，帮助供应商和采购商建立联系，挖掘国内市场商业机会。

中国制造网内贸站为买卖双方提供信息管理、展示、搜索、对比、询价等全流程服务，同时提供平台认证、广告推广等高级服务，帮助供应商在互联网上展示企业形象和产品信息，帮助采购商精准、快速地找到诚信供应商。

九、兰亭集势

兰亭集势是一家全球在线零售公司，直接向世界各地的消费者提供产品。兰亭集势成立于 2007 年，是可提供多种主要语言的网站，为客户提供了一种以优惠的价格购买各种生活产品的便捷方法。

兰亭集势如同一个在线零售大超市，旗下主营网站业务涵盖了服装鞋包、珠宝手表、电子及配件、运动户外、玩具宠物、家居假发、美甲、婚纱礼服及配件等，有近百万种商品。同时，公司支持遍布全球的 20 多种支付方式。

十、全球贸易通

全球贸易通致力于为中国企业出海提供全球化数字营销和跨境电商一站式服务商，提供领先的技术和营销服务，帮助商家、品牌和出口企业利用新互联网技术的力量开拓全球业务，与客户互动，并以更高效的方式运营，帮助企业更简单、更高效地开拓全球市场。

全球贸易通旗下拥有数字营销平台、跨境批发平台、跨境零售等多个业务板块，目前在中国18个省拥有270个本地化服务中心，服务于40万家中国出口企业，将产品及业务推广并销售到全球120多个国家和地区，2020年全球贸易通促成的贸易额突破300亿美元。

十一、其他的出口跨境电商

随着欧美市场的逐渐饱和，高增长率而较少竞争的亚非拉地区已经成为各大电商群雄逐鹿之地，如非洲的Kilimall与Jumia、东南亚的Lazada和Daraz、拉美的Linio和BW等新兴市场的本土电商平台也相继对中国商户敞开了方便之门，出口卖家的选择不再局限于传统的出口平台以及美英澳三个主流市场。

除了选择入驻平台，自建网站也是一个好的选择，尤其是面向欧美发达国家。独立建站，特别对于品牌商来说，可以更好地服务于自己品牌的宣传推广，不过其中的一大难点是引流，现在流量成本太高，只要解决引流问题，那么独立站就能带来源源不断的财富。

第二节　进口跨境电商平台

互联网在逐渐地改变各个传统企业，如今电商平台的崛起给人们的生活带来了新的改变。通过跨境进口电商平台，人们可以轻松买到海外产品，不用再像以前一样需要拜托去海外旅游或住在海外的亲戚朋友帮忙带东西，又不能带多，而且也很麻烦。同时有的人抓住了新的风口，在国内做电商做得风生水起。如今跨境电商在国内也有很多的平台，那么国内进口跨境电商平台有哪些？

一、天猫国际

天猫国际的模式是"保税进口＋海外直邮"。

天猫国际是阿里巴巴集团在2014年2月19日当天宣布正式上线的，天猫国际是阿里巴巴旗下的进口零售平台，主要是为国内消费者直供海外原装进口商品，同时也是帮助海外品牌直接触达中国消费者、建立品牌认知的首选平台。

入驻天猫国际的商家多为海外的公司实体，具有海外零售资质；销售的商品均原产于或销售于海外，通过国际物流经中国海关正规入关。所有天猫国际入驻商家将为其店铺配备旺旺中文咨询，并提供国内的售后服务，消费者可以像在淘宝购物一样使用支付宝买到海外进口商品。而在物流方面，天猫国际要求商家120小时内完成发货，商品14个工作日内到达，并保证物流信息全程可跟踪。

二、京东国际

京东国际是京东集团旗下所属品牌，主营跨境进口商品业务，前身为京东的"海囤全球"与"京东全球购"。

作为国内首个全面专注于"大进口"业务的消费平台，京东国际通过在消费场景、营销生态、品质和服务、招商四大维度的全面升级，为消费者带来更加优质和丰富的进口商品购物体验，从而打造可信赖的进口商品一站式消费平台。

在一般贸易进口方面，京东国际已吸引近2万个品牌入驻，SKU近千万，覆盖时尚、母婴、营养保健、个护美妆、3C、家居、进口食品、汽车用品等产品品类，来自美国、加拿大、韩国、日本、澳大利亚、新西兰、法国、德国等70多个国家和地区。

三、考拉海购

考拉海购是阿里巴巴旗下以跨境进口业务为主的会员电商，主打官方自营、全球直采的零售模式。

考拉海购销售品类涵盖母婴、美容彩妆、家居生活、营养保健、环球美食、服饰箱包、数码家电等。考拉海购以100%正品，30天无忧退货，快捷配送，提供消费者海量海外商品购买渠道，希望帮助用户"用更少的钱过更好的生活"，助推消费和生活的双重升级。

考拉海购主打自营直采的理念，在美国、德国、意大利、日本、韩国、澳大利亚、中国香港地区、中国台湾地区设有分公司或办事处，深入产品原产地直采高品质、适合中国市场的商品，从源头杜绝假货，保障商品品质的同时省去诸多中间环节，直接从原产地运抵国内，在海关和国检的监控下，储存在保税区仓库。和海关、保税区深入合作，电子化极速清关，下单后3~15个工作日送达。除此之外，考拉上线蚂蚁区块链溯源系统，严格把控产品质量。考拉海购支持网易宝、支付宝、网银、信用卡等支付方式，使用户告别多币种支付烦恼。

电商平台唯有严格把控商品源头，才能保证送达消费者手上的都是优质产品，考拉海购就是通过"官方自营、正品保障、四大品质管控、21项服务承诺"来落地。

考拉海购还根据不同消费圈层特征，推出21项服务承诺，涵盖了7天无理由退货、效期无忧、破损无忧、过敏无忧等。

考拉海购锁定美妆品和奢侈品两大品类，与权威检测机构一起打造时尚类商品鉴定中心、化妆品成分检测实验室，定制高标准的质检服务。

四、洋码头

洋码头成立于2009年，是中国独立海外购物平台的领军者。作为一站式海外购物平台，洋码头专注于连接全球零售市场与中国本土消费，致力于将世界各地优质丰富的商品以及潮流的生活方式和文化理念同步给中国消费者。洋码头移动端App内拥有首创的"扫货直播"频道。通过海外买手商家实时直播的海外购物场景，以及跨境直邮快速、安全的运输，同时为消费者提供正品保障、假一赔十的服务，为消费者解决后顾之忧，让每一个中国消费者足不出户，即可安心享受海外原汁原味的正品和服务。

洋码头坚持以引领中国消费全球化为己任，立足于更高效率地组织全球更多元的商品，真正实现国人零距离、零时差的全球消费梦想。成立至今，洋码头陪伴了国内早期资深海淘用户的成长，已成为深受国人信赖的海外购物平台之一。作为较早将"黑色星期五"原汁原味引入中国的平台，洋码头彻底激发了中国消费者的海外购物热情。

现阶段，驻扎在洋码头上的卖家可以分为两类：一类是个人买手，模式是C2C；另一类是商户，模式就是M2C（manufacture to consumer，生产厂家对消费者）。

五、蜜芽

蜜芽是垂直型自营跨境B2C平台。

蜜芽的前身蜜芽宝贝，是中国首家进口母婴品牌限时特卖商城，由全职妈妈刘楠于2011年创立，希望创造简单、放心、有趣的母婴用品购物体验。"母婴品牌限时特卖"是指每天在网站推荐热门的进口母婴品牌，以低于市场价的折扣力度进行特卖。2014年6月，蜜芽获得由红杉资本领投、真格基金和华兴险峰跟投的2000万美元融资。

蜜芽在坚持采购标准、供应链管理标准和仓储标准的前提下，通过模式创新、提高效率等方法来降价，最终让利给妈妈们。

从妈妈的品质育儿到全家的品质生活，蜜芽已经服务了近千万中国家庭，将30多个国家的2万多种优质产品和服务提供给了消费者。

六、亚马逊海外购

2014年,亚马逊中国在全球首创"海外购"本地商店业务,从美国到日本、英国、德国,相继为中国消费者开通了四大站点。

亚马逊海外购是专为中国消费者打造的海淘专区,在商品详细页面中,凡标有"海外购 + 美国国旗""海外购 + 英国国旗""海外购 + 日本国旗"或"海外购 + 德国国旗"图标的商品均属于亚马逊海外购直邮商品。

亚马逊海外购商品均为亚马逊海外网站的在售商品,由亚马逊海外站点直接发货,并通过亚马逊全球领先的物流配送至中国顾客手中。亚马逊海外购商品均为纯正海外销售商品,并依法向中国海关申报和缴纳相关进口税费。

七、行云集团

行云集团成立于2015年,是全球互联网电商引领者、国内领先的全球商品综合服务平台。

在发展过程中,行云集团形成了深圳、杭州双总部运营格局,并在中国广州、上海、香港地区,以及德国、日本、澳大利亚等地均设立控(参)股公司和境内外分支机构,在全国十多个跨境电商试点城市建立了配套合作仓,可以提供包括采购、国外至国内物流、仓储的打包分拣、海关报关、退换货等一系列服务。另外,在欧美、澳新、日韩、东南亚等海外多地设有直采分部,在全球合作了51个海外仓和56个国内保税仓。

八、笨土豆

笨土豆电商成立于2015年7月,隶属北京笨土豆电子商务有限公司。笨土豆经营品类包括婴幼儿食品、母婴用品、营养保健、美容护肤、家居个护、奢侈品和3C家用电器等,涉及全球260多个知名品牌、10万多款商品。凭借在海外市场多年的销售积累,先后与雀巢、强生、达能、Schiff、飞利浦、Robeez、Venice Child 高端童车、宝洁集团等直接合作,成为各大品牌的授权经销商,不断满足中国妈妈对于海外中高端母婴产品的需求。

笨土豆在美国拥有总面积超过100000平方英尺(约9290平方米)的仓储中心,位于美国洛杉矶东北部,紧邻机场及洛杉矶室内奥特莱斯,采用恒温仓设计,欧洲仓储在建,韩国仓储筹建,配置先进,具备优秀的仓储运作能力,为国内的大量跨境电商企业及进出口公司提供海外仓储、备货、集货、商品代管等多项完善服务,并完美解决保税区正面清单限制问题。

笨土豆与多家全球知名国际物流公司深度合作,精选跨国物流运输路线,为客户解决了优质货源批发、海外大型仓储、全球商品运输、跨洋直邮、清关到港等一系列问题,打通了从品牌方到零售商(B2B)甚至到终端客户(B2B2C❶)的整个链条,提高了效率,节省了成本。

九、跨境翼

深圳市跨境翼电子商务股份有限公司,简称跨境翼,成立于2013年,总部设在深圳。跨境翼提供一站式出口物流解决方案(丰富的线路、旺季仓位保障、全程追踪、亚马逊物流配送头程、自营专线、自营小包、快递代理),以及跨境电商进口物流服务❷、技术服务等跨境贸易供应链服务。

第三节 本土化跨境电商平台

随着扶持政策出台的节奏越来越快,跨境电商发展中所面临的支付、物流、报关报检等障碍,正在逐步消除,市场需求不断增加,跨境电商正在迎来加速发展机遇。

目前,本土化跨境电商平台主要有 Flipkart(印度)、Walmart(美国)、Yandex(俄罗斯)、Newegg(美国)、Trademe(新西兰)、Mercadolivre(巴西)、AliExpress(中国)、DHgate(中国)、Ipros(日本)等。

一、Flipkart

Flipkart 是印度最大的电子商务零售商,由亚马逊的两名前员工 Sachin Bansal 和 Binny Bansa 于 2007 年创建。公司总部设立于印度班加罗尔,起初平台与亚马逊类似,专注于图书销售,之后扩展到其他的品类,如消费电子、服饰、时尚等。截至 2017 年,Flipkart 在印度本土的市场占有率达到 39.5%。该平台于 2018 年 5 月被沃尔玛以 160 亿美元的价格收购,收购股份 77%,并最终于 2018 年 8 月 18 日完成。

Flipkart 平台的月访客数高达 6980 万,网站用户数量超过 10 亿,平台上 SKU 数量超过 80 万,主要经营 3C、书籍、服装和电子产品等。除了销售图书和电子产品,

---

❶ B2B2C 是一种电子商务类型的网络购物商业模式,是 "business to business to customer" 的简称。

❷ 包括 BC、个人行邮 CC 清关、香港 E 特快。其中,BC 指企业与海关直接联网,传输电子订单、电子运单、支付凭证等三单信息给海关实行电子清关的方式;个人行邮 CC 清关指对入境行李、物品、包裹征收行邮税的清关方式,因此又叫行邮税清关;香港 E 特快指内地邮政 EMS 与香港邮政合作的一种进口方式。

Flipkart 还运营着一个在线市场，允许第三方厂商入驻，销售产品。

二、Newegg

Newegg 成立于 2001 年，一开始销售个人电脑组件，帮助推广个人电脑制造运动，并在个人电脑和 DIY（自己动手制作）爱好者中建立了一个狂热的追随者群体。此后，Newegg 成为北美领先的以科技为中心的电子商务零售商，在欧洲、南美、亚太和中东地区拥有全球影响力。如今，数以百万计的客户转向 Newegg 购买最新的个人电脑组件、消费电子产品、智能家居和游戏产品。Newegg 一直被评为最佳在线购物目的地之一，该公司定期获得业内领先的客户服务评级。Newegg 公司总部设在加利福尼亚州工业城，在美国和加拿大设有北美分销设施。

Newegg 销售商品种类高达 55000 万种，在美国的 6 个州有 6 个自建物流仓库，线上有超过 4500 万注册用户和约 200 万的日均访问流量，平均每天有超过 10 万个订单，核准订单会在 24 小时内寄出。

目前，Newegg 正在向全品类扩展，销售类目包括钟表、珠宝、家电产品、家居百货、婴儿用品、旅行及日用箱包、工具配件、鞋类、玩具、体育用品、户外花园装饰品以及美妆保健用品等。

三、Mercadolivre

Mercadolivre 是巴西本土最大的 C2C 平台，相当于中国的淘宝，其业务涉及 13 个国家和地区（巴西、阿根廷、智利、哥伦比亚、哥斯达黎加、厄瓜多尔、墨西哥、巴拿马、秘鲁、多米尼加、巴拉圭、委内瑞拉和葡萄牙）。

除了 Mercadolivre 电子交易平台之外，还有类似于支付宝的支付平台 MercadoPago，这个支付平台于 2003 年推出，是南美洲最大的电子支付平台之一，业务涉及南美的巴西、阿根廷、智利、哥伦比亚、墨西哥、委内瑞拉。

四、Trademe

Trademe 是新西兰本土最大的电商平台，由山姆·摩根在 1999 年创立。Trademe 里面有各种商品品类，类似于中国的淘宝，其中包括常见的服饰、电子配件、生活用品等，而它的在线汽车销售、房地产分类信息、在线交友业务在新西兰均排名第一。

Trademe 平台上，最热销的品类包括玩具、家具产品、电子产品（特别是手机）、品牌服装、汽车、摩托车和船配件，其中在玩具品类中，乐高玩具在新西兰非常流行。

03 第三章

跨境电商网上开店

【导言】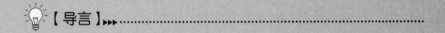

如同在线下做生意要有门店一样,跨境电商想将生意做到全球,也得在跨境电商平台上有自己的门店。

第一节　选择跨境电商平台

不同的电商平台有不同的入驻规则，每个平台都有自己的成本、佣金和规则要求。如何根据自己的产品和用户群体选择合适的平台，对于新手卖家来说也是一个挑战。因此，新手卖家在选择电商平台时，应关注以下要点。

一、电商平台的入驻规则

要想入驻某个跨境电商平台，首先就得仔细阅读并理解该平台的入驻规则，了解需要提交哪些资料才能审核通过。在此，介绍几个跨境电商平台的入驻要求。

1. 速卖通入驻要求

（1）入驻条件。

①营业执照（个体工商户或企业身份均可）；

②企业支付宝账号（须通过企业支付宝账号或企业法人支付宝账号在速卖通完成企业身份认证）；

③品牌（卖家若拥有或代理品牌，可根据品牌资质，选择经营品牌官方店、专卖店或专营店。若不经营品牌，可跳过这个步骤。仅部分类目必须拥有商标才可经营，具体以商品发布页面展示为准）。

（2）入驻费用。

收取10000元起的技术服务年费。各经营大类技术服务年费不同，经营到自然年年底，拥有良好的服务质量及不断壮大经营规模的优质店铺都将有机会获得年费返还奖励。

2.Wish 入驻要求

（1）Wish 商户准入要求。Wish 商户准入要求如图 3-1 所示。

（2）Wish 开店需要的资料。

中国内地公司：营业执照，法人身份证（原件扫描/拍照）。

中国香港公司：营业执照（CR 证及 NC❶，股本和创始人页）、商业登记证。

---

❶ CR 证是注册证明书，类似于内地的营业执照；NC 指法团成立表格。

要求一 只能售卖版权归自己所有或者被授权的产品

入驻 Wish 的可以是生产商、品牌授权商、零售商、手工业者进口商等商户，也可以是研发发明者和艺术家。但是商户必须拥有可以创造、生产产品的能力，或者拥有分销／零售权，才能通过 Wish 进行销售

要求二 售卖的商品必须是有形产品

准备符合 Wish 要求的产品资料，比如图片、价格、文案等。产品展示必须清楚详细，描述和图片必须要准确地展现商品

要求三 拥有快速可靠的物流配送

商户的订单必须在 1～5 天内发货，并且使用可信任的物流公司进行配送，同时需要其提供有效的物流单号

要求四 为用户提供自主服务

商户需要履行订单并及时回复用户问题。如果采用代发货模式，那么商户必须有能力进行大规模代发货

图 3-1　Wish 商户准入要求

（3）入驻注意事项。注册账户时，一定要提供真实准确的信息。在 Wish 平台，"包括但不限于商户的身份证号、身份证明文件和商户所在国家"都必须真实准确，否则将面临账户被暂停、资金被暂扣或冻结、用户被封禁、账户被终止或封禁，或在使用或访问账户时受到其他限制。同时，商户的应收款项也可能会被 Wish 没收或暂扣，直至证明商户的注册信息准确、真实、无误，需要商户提供证据（包括但不限于商户的身份证、企业成立或注册文件、政府颁发的身份证明文件和／或有关商户所在国家的其他证明等）。

3. 考拉海购的入驻要求

（1）入驻流程。商家应按照考拉海购招商入驻流程完成入驻申请、资质提交、保证金缴存等环节，方可成功入驻；如逾期未完成指定环节，则本次入驻申请失效，需重新申请。

（2）准入条件。考拉海购在店铺类型及名称、品牌等方面对申请入驻的商家设有一定的准入条件，可详见《考拉海购入驻准则》；同时，申请开设不同类型店铺、经营不同类目商品的商家要求具备相应的资质，可详见《考拉海购招商入驻企业及品牌资质要求》《考拉海购入驻商家资质细则》。

4. 京东国际的入驻要求

京东国际的入驻要求如表3-1所示。

表3-1 京东国际的入驻要求

资质维度	店铺类型	资质要求
基本资质	所有	（1）开店主体公司登记注册文件，包括但不限于商业登记证/经营许可证/营业执照/公司注册证 （2）开店主体公司的法人代表有效身份证件，包括但不限于身份证/护照/驾驶证 （3）开店主体公司海外或中国港澳台地区银行账户开户证明或银行对账单，该文件上需要明确显示开店主体公司名、银行账户信息入驻公司海外或中国港澳台地区对公银行账户开户证明/对账单/流水单 （4）在国内有固定的授权退货地址
品牌资质	品牌旗舰店	（1）品牌直营旗舰店。所售品牌的商标注册证书或商标注册申请受理函原件扫描件（注册地在海外或中国港澳台地区） （2）品牌授权旗舰店。所售品牌的商标注册证书或商标注册申请受理函原件扫描件（注册地在海外或中国港澳台地区）；品牌（商标）权利人出具给开店主体公司的独占授权，且只限一级授权
品牌资质	卖场型旗舰店	（1）如果申请开店的公司为品牌（商标）权利人，需提供35类注册成功的商标注册证（注册地在海外或中国港澳台地区） （2）如果申请开店的公司非品牌（商标）权利人，需要提供35类注册成功的商标注册证（注册地在海外或中国港澳台地区），以及品牌（商标）权利人出具给开店主体公司的独占授权，且只限一级授权 （3）需提供所经营品牌的完整授权链
品牌资质	专卖店	（1）所售品牌的商标注册证书或商标注册申请受理函原件扫描件（注册地在海外或中国港澳台地区） （2）一级以内品牌销售授权
品牌资质	专营店	（1）所售品牌注册成功的商标注册证（注册地在海外或中国港澳台地区） （2）他人品牌需提供商标注册证书和三级以内全链路品牌销售授权证明

（1）京东国际开放平台保留对于某些品牌要求其提供品牌一级授权和其他额外证明材料的权力
（2）非中/英文文件，需要有具备认证资质的第三方翻译机构出具的中文或英文翻译件，翻译件上需该翻译公司盖章
（3）所有资质均需加盖开店主体公司公章，若开店主体公司无公章，需其法定代表人或法人的授权代表签字确认，需机打出姓名、职位及所属公司

二、电商平台的排名机制

每个电商平台都有自带流量，但并不是每一个卖家都可享用，因为平台有自己独立的计算排名规则，需要满足平台需求才能获取更多的平台流量。当然每个平台也有付费

流量通道，只要愿意花钱也可以获取流量，但是这样的付出未必会有好的效果，最终还需要通过运营手段获取更多的免费流量。因此，对于新手卖家来说，在选择电商平台时就要了解该平台的排名规则，看是否适合自己。在此，简要介绍几个跨境电商平台的搜索排名规则。

1. 亚马逊搜索排名规则

（1）亚马逊自营和FBA（亚马逊物流）卖家排名靠前。不难发现，在亚马逊排名靠前的一般是亚马逊自营和使用FBA的卖家，亚马逊对于使用FAB的商品优先展示的比重很大，主要是亚马逊用户的行为习惯导致的，大部分亚马逊用户习惯使用货到付款的功能。

（2）店铺指标。主要影响店铺排名的指标有销量、好评率及绩效指标，三个指标表现越好，排名越靠前，具体如图3-2所示。

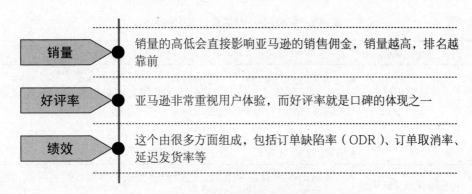

图 3-2　影响店铺排名的指标

（3）搜索及类目相关性。搜索相关性，即标题中必须含有关键词，商品的搜索关键词、材质相关关键词、款式相关关键词等都对排名有帮助。

类目相关性，即亚马逊每个商品类目下都有属性可供选择，在商品上架时选择好商品属性、材质等对排名有所帮助。

2. 速卖通搜索排名规则

影响速卖通搜索排名的因素主要是搜索词与商品的相关性和商品质量。

（1）搜索词与商品的相关性。主要是指商品的标题描述与搜索词的匹配程度。另外，商品属性的正确性对排名也有帮助。

（2）商品质量。速卖通对于商品质量的判断有四个方面的因素，如图3-3所示。

3. eBay 搜索排名规则

对 eBay 来说，商品的排名有一个最重要的指标就是最佳匹配（best match），而影响最佳匹配的因素包括表3-2所示的内容。

| 商品图片质量 ☞ | 图片除了要求清晰外，还需要在上传主图时同时上传6~8张副图，且要求图片必须体现商品主体、细节、包装、材质等要素，简单理解就是用户可以通过图片对商品主要性质进行了解 |

| 商品价格 ☞ | 速卖通更偏向于上传的商品与平台上同类商品的主流价格相近，价格与主流价格越接近越好 |

| 商品销售情况 ☞ | 即店铺商品的历史销售数据，数据越合理，商品质量越高 |

| 商品销售转化率 ☞ | 即在其他所有条件相同的情况下，在固定时间内商品的销量越高，排名越靠前。这里需要注意的是，如果在一定的时间内商品的曝光次数很高而销量很少的话，商品质量会被速卖通判定为不好 |

图 3-3　速卖通对于商品质量的判断因素

表 3-2　影响 eBay 商品最佳匹配的因素

序号	影响因素	具体说明
1	近期销售记录	这个记录主要是针对 eBay 定价类商品，它是判定卖家的"listing"（目录）中，有多少"item"（项目）被不同买家所购买的数据。商品的记录越高，所能获得的曝光量就越多
2	即将结束时间	这个因素主要是针对拍卖类商品，事实上就是拍卖商品的下架时间。拍卖的商品在即将下架时的排名是最高的
3	卖家评级（DSR）	评价的维度有四个方面，包括商品描述、客服、物流时间、运费。评价越高，商品排名越靠前
4	买家满意度	有三个衡量标准：中差评数、DSR 中 1~2 分数量、INR/SNAD（未收到货/产品与描述不符）投诉数量。无疑满意度越高，排名越靠前
5	商品标题相关性	即用户的搜索词与商品的标题和关键词的匹配程度
6	商品价格和运费	eBay 的规则是提高免运费商品的排名，降低高运费或者运费不明确商品的排名
7	卖家表现	这里的卖家表现指的是卖家在诚信方面的表现，因素比较多，包括买家投诉的比例、买家满意度和评价等
8	退换货服务	卖家如果提供退换货服务，排名会更高

4. Wish 规则

Wish 与其他几大平台的不同之处在于，它本是基于移动端的平台，且前身又类似社交软件。所以 Wish 在规则上弱化了搜索的功能，增强了个性化推送功能。每个用户通过 Wish 所看到的商品都是不一样的，那么想要提高被推送的概率，就需要符合一些 Wish 的规则。

Wish 会根据用户的兴趣特征、社会属性、自然属性，赋予用户不同的标签，再结合用户的需求标签进行匹配。同时 Wish 还可以通过 Facebook、谷歌邮箱账户直接登录，因此 Wish 可以调取这些平台的数据记录，通过用户平时的兴趣爱好等对用户进行细分分类。

因此，在 Wish 这样的规则下，卖家需要做的就是结合自己的商品做目标客户的用户画像，然后通过标签设置将自己的商品与 Wish 上的目标客户进行匹配。

> **小提示**
>
> 每个平台都有自己独有的排名规则，卖家在如何选择跨境电商平台这一个问题上需要多进行总结，摸索出最适合自己商品的规律。

三、电商平台的市场情况及发展趋势

对于想进入电商行业的人来说，选择一个好平台是至关重要的。首先要考虑平台的经营理念、经营规则是否和我们的产品和我们运营店铺的模式相通。另外，也要考虑平台的市场占比是否达到一定的份额，平台知名度是否够高，平台所涉及的国家的广泛度如何，平台未来重点要发展的国家和地区有哪些。

四、电商平台的规则和扶持力度

新手卖家在选择平台时，要考虑平台的运营规则是否简单且不需要太多的运营技术和运营手段，是否重产品轻运营技术，是否鼓励 SKU 越多越好等。平台运营规则简单，卖家不需要太复杂的运营技术和运营手段，最多打打广告，做做活动，而且这类平台往往对于新卖家的扶持力度很大，不会像其他传统平台，重视老店铺，对新店铺扶持力度很小。

五、电商平台物流系统的完善度

新手卖家在选择跨境电商平台时，还应考虑平台物流系统的完善度，主要考虑因素如图 3-4 所示。

1	平台在国内是否有物流中转站
2	平台在服务国家和地区的物流体系是否完善，是否有稳定的仓储和物流系统
3	平台在未来的发展方向上是否重视一些国家和地区物流体系的完善

图 3-4　电商平台物流系统的完善度

六、平台的费用支出和押金额度

跨境电商物流周转周期较长,导致资金周转周期会相应延长很多,如果平台再收取昂贵的押金、保证金和平台使用费,那么一些有好的产品,但是资金、资产不够雄厚的卖家就无法实现店铺运营。所以,选择平台时,新手卖家要事先了解清楚平台是否收取保证金或押金,收取多少。

第二节　注册店铺

不同平台对注册店铺的要求和规则不尽相同。本书以在亚马逊平台注册店铺为例,详细介绍亚马逊欧洲站点注册店铺所需的资料与操作步骤。

亚马逊全球开店(图3-5)是分站点的,目前亚马逊有八个站点,分别是北美站、欧洲站、日本站、澳洲站、新加坡站、阿联酋站、沙特站、印度站。

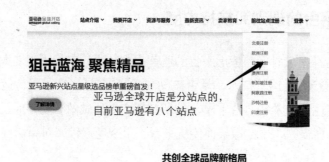

图3-5　亚马逊全球开店网站首页界面

一、注册资质与所需资料

由于亚马逊对商家的严格要求和买家对该平台的认可,亚马逊成为越来越多外贸B2C卖家的首选之地。想注册哪个站点的亚马逊卖家账号就直接打开相应的亚马逊站点网站。

注册账号前,需要按照要求准备好以下资料。

1.公司营业执照彩色扫描件

公司营业执照必须由中国内地(大陆)、中国香港、中国台湾出具。

（1）中国内地（大陆）企业：营业执照。

（2）中国香港企业：公司注册证明书和商业登记证件。

（3）中国台湾企业：有限公司设立登记表/股份有限公司设立登记表/有限公司变更登记表/股份有限公司变更登记表。

（4）中国内地（大陆）营业执照距离过期日期应超过45天，中国香港商业登记证件距离过期日期应超过45天。

注意：请确保营业执照上登记的公司处于存续状态，可以到国家企业信用信息公示系统查询。

2. 法定代表人身份证彩色扫描件

（1）身份证上的姓名必须与营业执照上法定代表人的姓名一致。

（2）身份证上的姓名应与注册的亚马逊账户上的姓名相匹配。

（3）原件必须由中国内地（大陆）、中国香港、中国台湾出具。

（4）身份证必须在有效期内。

3. 付款信用卡

（1）可进行国际付款的信用卡（Visa或者MasterCard，首选Visa）。

（2）确认开通销售国币种的支付功能。若同时开通多个商城，建议使用可以支持多币种支付的信用卡。

（3）确认信用卡尚未过期并具有充足的信用额度，且对网购或邮购付款没有任何限制。

4. 联系方式

（1）联系人的电子邮箱地址。

（2）联系人的电话号码（建议填写法定代表人的联系电话）。

（3）公司的地址、联系电话。

5. 银行账户

用于接收付款的银行账户，有以下三种方式可供选择（三选一）。

（1）中国内地（大陆）银行账户：直接用人民币接收全球付款并直接存入国内银行账户，银行地址选择中国。

（2）海外和中国香港、台湾地区的银行账户：使用海外或中国香港、台湾地区的有效银行账户，用当地货币接收亚马逊销售款。

（3）第三方存款账户：使用参加"支付服务商计划"的支付服务商提供的银行账户，

此种情形下银行地址应为支付服务商提供的银行账户所在的国家。

二、注册流程

1. 开始注册

打开亚马逊全球开店网站，点击"前往站点注册"，选择"欧洲注册"，然后在新出现的画面中，点击"创建您的 Amazon 账户"，如图 3-6 所示。

图 3-6　开始注册的界面

2. 输入姓名和邮箱地址

分别输入姓名的拼音（建议填写法定代表人姓名的拼音）、联系用的邮箱，以及密码。点击"下一步"，亚马逊将向这个邮箱发送包含验证码的邮件，如图 3-7 所示。

图 3-7　输入姓名和邮箱地址的界面

3. 验证邮箱

在联系邮箱中收取邮件。正常的话会收到来自亚马逊的邮件，里面有包含6位数字的验证码。在图3-8所示的界面中输入验证码，然后点击"创建您的亚马逊账户"按钮。

注：如果没收到验证邮件，就先去垃圾邮箱看看是否被邮箱归类到垃圾邮件里了。如果还是没有，稍等片刻点击画面中的"重新发送验证"按钮。

图3-8　验证邮箱的界面

4. 设置公司所在地、业务类型和名称

先在"公司地址"下拉列表中选择自己所在的国家或地区，然后根据自己公司的实际情况选择业务类型，并填写公司的英文名称（即营业执照上公司名称的英语或拼音），以及公司的中文名称，最后点击"同意并继续"按钮。

若提示法定名称过长，建议使用拼音全小写，不要有空格；如果超出最大输入限制，请尽量填写公司名字主要部分，具体如图3-9所示。

5. 填写公司信息

依次填写公司的相关信息，填写的时候需要注意以下内容。

（1）公司注册号码需要和营业执照上的相同。

（2）地址填写栏可以填写公司营业执照上的地址或者公司的实际运营地址，地址需详细到门牌号，填写时使用中文。

（3）PIN（个人识别号码）接收方式是说用哪种方式进行验证，可以选择短信或电话。填写电话号码时，需要在电话号码旁边的下拉框中选择所在的国家或地区。

（4）如果选择短信验证，就会收到短消息，输入短信验证码即可。如果选择电话，就会接到自动打过来的语音电话，请接起电话，把网页中显示的4位数字输入手机进行验证，若验证码正确，网页会显示认证成功；当系统验证出错时，请用其他语言进行验证或者短信验证，3次不成功则需等候1小时后才可重新验证。

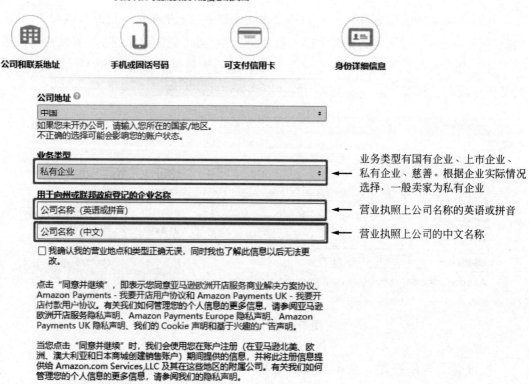

图 3-9　设置公司所在地、业务类型和名称的界面

（5）主要联系人请填写公司的法定代表人姓名的拼音。

所有信息输入完毕，并且通过短信或者电话验证后，点击"下一页"按钮，进入下一步，具体如图 3-10 所示。

> **小提示**
>
> 　　一旦验证完成，就将无法再退回至本步骤修改信息，所以请在短信或电话验证前仔细检查本页内容。

6. 填写卖家个人信息

在个人信息页面，需要进一步完善卖家的个人信息。

（1）选择国籍后，再依次输入或者选择出生地、出生日期、身份证的号码和有效期、身份证的签发国，以及身份证的名称，名称可以是中文。

（2）如果居住地址和实际经营地址不同，可以选择"添加其他地址"，增加新的地址。

（3）如果法定代表人的手机号码，和页面上默认的电话号码不一样，也可以点击"添加新的手机号码"，增加新的手机号。需要注意的是，新增加的手机号也需要通过短信或者电话进行验证。

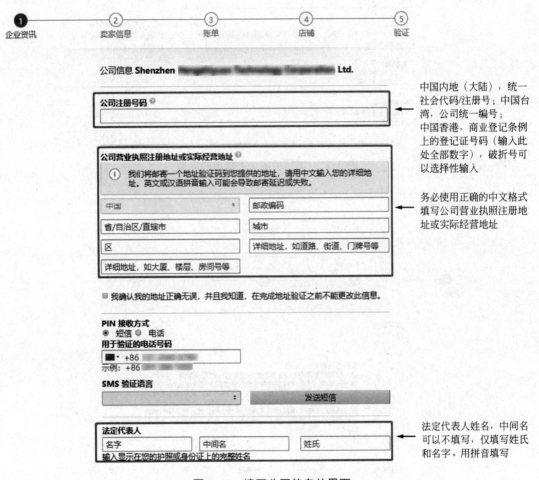

图 3-10　填写公司信息的界面

（4）受益人信息（beneficial owner information）。受益人必须是公司所有人或管理者，即直接或间接拥有公司 25% 及以上股份，或对业务发展有决定权，或以其他形式对公司行使管理权的自然人或者公司。人数必须与实际情况相符，其信息才有可能被验证。

（5）勾选"是企业的受益所有人"或"是企业的法人代表"，具体如图 3-11 所示。

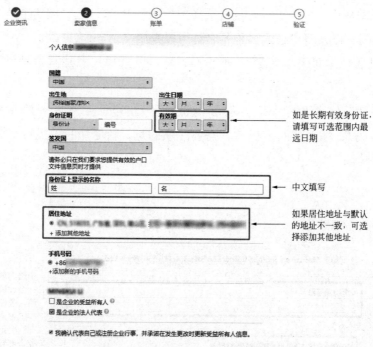

图 3-11　填写卖家个人信息的界面

7. 填写账单信息

填写账单信息的界面如图 3-12 所示。

图 3-12　填写账单信息的界面

8. 填写店铺信息

接下来填写店铺信息,包括店铺的名称以及商品编码和品牌的一些信息。其中店铺名称强烈建议使用英文填写,具体如图3-13所示。

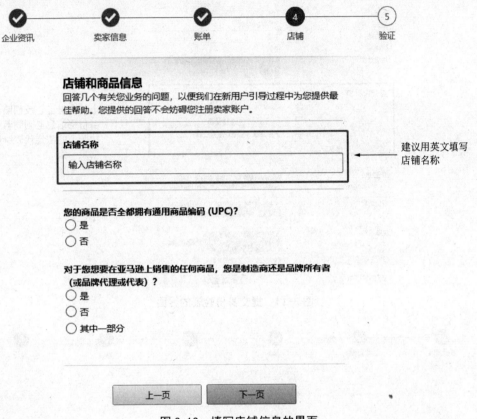

图3-13 填写店铺信息的界面

9. 提交身份验证

接下来确认信息并上传文件。

因为企业以及法定代表人的信息前面都已经填过,这里只需要上传其身份证的正反面以及公司营业执照的照片就可以了。

特别需要注意的是,这里的公司地址默认的是前面填写的实际运营地址。

照片的上传可能需要一点时间,等上传成功后点击最下方的"提交"按钮,等身份验证信息提交后就可以关闭此页面,具体如图3-14所示。

10. 视频通话验证

有两个选项,一个是即时视频通话,另一个是预约视频通话。

(1)选择"即时视频通话(推荐)",并点击"下一步",如图3-15所示。

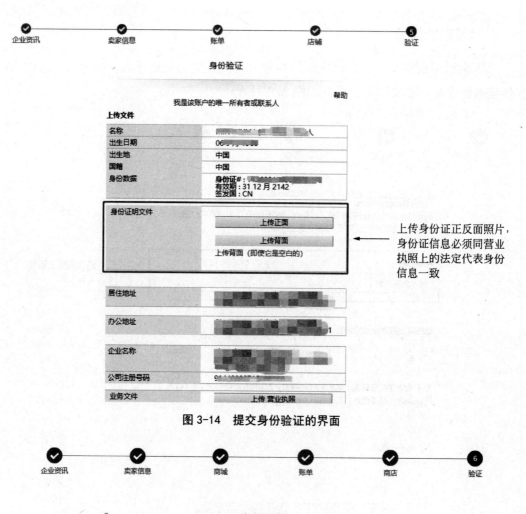

图 3-14 提交身份验证的界面

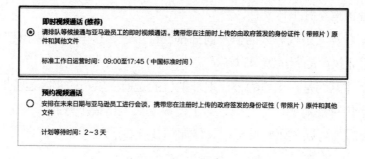

图 3-15 视频通话验证的界面

（2）进入图3-16所示界面，勾选所有选项，点击"下一步"。

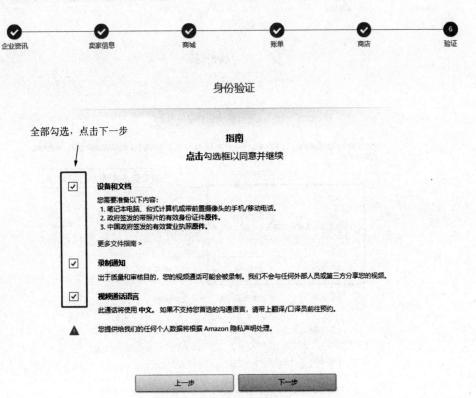

图3-16 "指南"界面

（3）点击"加入通话"，就可开始即时视频通话。若不想即时视频通话，点击"将您的预约重新安排到以后的日期"，可以重新预约通话日期，再单击"下一步"确认视频通话预约，具体如图3-17、图3-18所示。

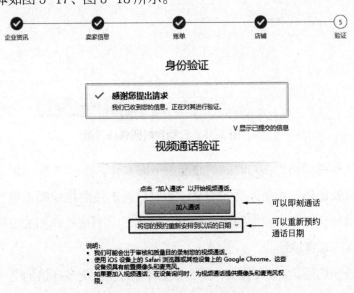

图3-17 视频通话验证界面

身份验证

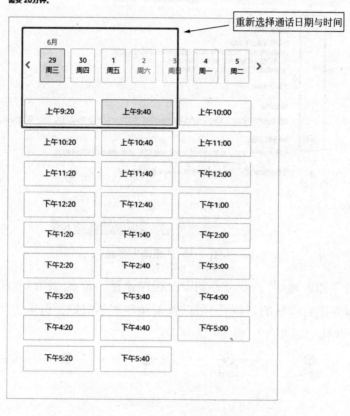

图 3-18 日期和时间选择界面

（4）确认视频通话的预约时间，并准备所需文件，点击"下一步"按钮，如图 3-19 所示。除身份验证外，亚马逊会向卖家注册时填写的注册地址邮寄包含一次性密码的明信片来进行地址验证。当卖家完成视频电话预约后，明信片和相关说明将在 5～8 个工作日寄到卖家的邮寄地址。

（5）完成预约后，卖家将在 24 小时内收到一封包含更多详情的电子邮件，如图 3-20 所示。

身份验证

预约时间

- 2022年6月29日 中国标准时间 上午9:20
- 除身份验证外,您可能还需要完成地址验证。我们将在5~8个工作日内将一次性密码(OTP)邮寄到您提供的地址

文件

在预约时,您将需要携带注册过程中上传的原始文件:
- 政府签发带照片的有效身份证件
- 企业注册文件——营业执照。企业注册文件必须显示法定代表人或受益所有人姓名,并且其上的姓名应与身份证件上的姓名一致。企业注册文件有效期不得少于自亚马逊账户注册之日起45天。文件中的业务类型不得为分支机构或农村信用合作社。公司不得被当地政府移出、撤销、关闭以及列入"异常经营名单"或"信用黑名单"
- 点击此处查看有关文件的其他指南

指南

- 在安静的地方准时加入通话,确保您的互联网带宽充足
- 请遵循适当的通话礼仪,因为您和亚马逊专员都可以在视频中彼此看到
- 我们将在24小时内发送一封包含更多详细信息的电子邮件
- 如有任何疑问或顾虑,请联系我们

隐私政策

- 我们可能会录制视频通话,以保证质量和安全性
- 我们将根据隐私声明处理您的数据
- 我们将使用您上传的身份证件来验证您的身份

设备和软件

- 您可以在带有前置网络摄像头、麦克风、扬声器、Safari 浏览器(iOS 设备)或 Google Chrome 浏览器(其他设备)的个人计算机、笔记本电脑和手机上加入视频通话

语言

- 我们将支持中文
- 如果这不是您首选的语言,请带一名口译人员一起参加会面

注意

☑ 我确认:
— 视频通话可能会被监控或录制,以供培训、安全和质量保证之用。我不会对视频通话拍照或进行录制,也不会在公共平台上发布录制的视频
— 亚马逊非常重视商城的安全。对于提供虚假信息或代表他人完成身份验证以规避亚马逊安全系统的人,亚马逊可能会展开调查、向执法部门举报并追究其相应法律责任

图 3-19 确认预约时间的界面

您好!

感谢您在亚马逊上注册并预约与亚马逊工作人员会面,以便完成身份验证。

请查看以下详情,为视频通话预约做好准备。

预约详情

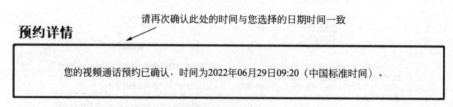

您的视频通话预约已确认,时间为2022年06月29日09:20(中国标准时间)。

图3-20 包含更多详情的电子邮件

亚马逊视频通话所需文件:

亚马逊要求您提供在亚马逊上注册时上传的文件的纸质原件,仅接受以下文件。

政府签发的有效身份证件(带照片),如居民身份证或护照。该证件必须包含以下信息:全名、出生日期和身份证号码。

政府签发的有效营业执照。营业执照必须包含以下信息:企业名称、营业地址、业务类型、业务范围、营业执照编号、有效期和法定代表人的姓名。法定代表人的姓名必须与身份证件上的姓名一致。营业执照有效期不得少于自亚马逊账户注册之日起45天,并且经营状态必须为"正常"。

出席亚马逊视频通话的人员要求:

亚马逊要求公司的法定代表人出席会议。如果您不是公司的法定代表人,您必须获得公司的授权才能代表法定代表人行事,且必须携带以下文件的原件前来会面。

公司法定代表人的有效身份证件(由政府签发且带有照片)。

您自己的有效身份证件(由政府签发且带有照片)。

安装了支付宝应用的智能手机或平板电脑。亚马逊将通过"住房津贴查询"或"社会保障查询"确认您的雇主名称是否和与相应卖家账户关联的公司名称相符。

为避免影响身份验证的进度,请在预约之前在支付宝上完成"公积金"或"社保查询"账户的设置。

(6)进行身份验证,如图3-21所示。

(7)通过以上步骤已完成视频通话验证的预约,卖家届时需准时出席。接下来,亚马逊将邮寄一张包含地址验证码的明信片至填写的地址,如图3-22所示。

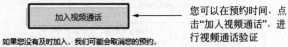

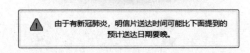

图 3-21　进行身份验证的界面

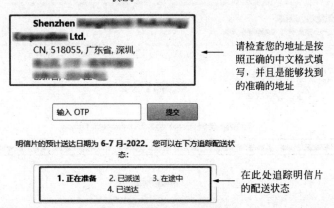

图 3-22　检查地址的界面

（8）在视频验证时，卖家若错过原先的预约时间而未出席，在卖家中心（seller central）界面将会查到相应提示。此时，卖家需重新预约新的时间，并准时出席，如图 3-23 所示。

图 3-23 重新预约的界面

（9）完成视频验证后，卖家需耐心等待审核结果，卖家可以通过两种方式获知身份验证结果：等待亚马逊邮件通知，或者登录卖家后台界面查看审核结果，具体如图 3-24 所示。

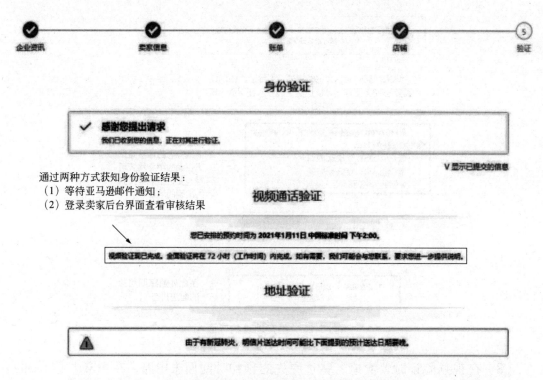

图 3-24 等待审核结果的界面

（10）输入地址验证码。亚马逊会向卖家前面填写的公司的实际经营地址寄送一张明信片，验证码设定了一个失效时间，所以卖家要时刻关注明信片的运输动态，以免错过有效时间。收到明信片后，把上面的验证码输入后，点击"下一步"，如图 3-25 所示。

图 3-25　输入地址验证码

（11）完成以上步骤后，即意味着卖家的身份验证已通过，且同时开通了卖家账户。当卖家在卖家平台界面查看到图 3-26 所示界面时，意味着卖家的身份验证、视频验证、地址验证都已通过且同时开通了北美站、欧洲站、日本站和澳洲站的卖家账户。

请卖家根据自己的实际运营需求，进入相应站点（可同时开通多站点）开启卖家账户的销售工作。

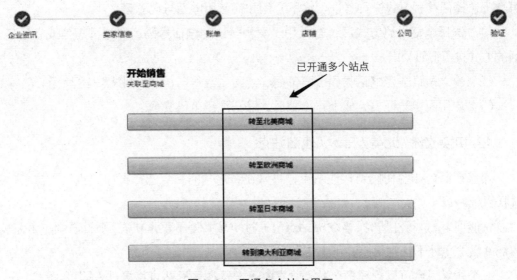

图 3-26　开通多个站点界面

11. 启用两步验证

最后，还需要对注册的账户启用两步验证来进行保护。

点击欧洲商城，进入两步验证步骤。两步验证是针对卖家的亚马逊账户提供的一项安全保障，开启两步验证后，即使卖家的登录密码未经自己授权被第三方获取，卖家的账户安全依然可以得到保障。

启用两步验证，即说明以后登录卖家后台，卖家除了照常输入用户名和密码之外，还需要一个安全代码作为第二种验证手段。

注意：如果两步验证的页面无法打开，请清空浏览器"小甜饼（cookie）"后刷新。还是打不开的话，可更换浏览器尝试，具体如图 3-27 所示。

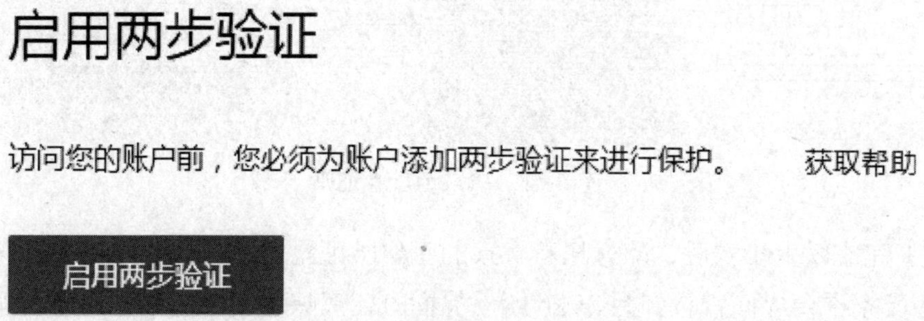

启用两步验证

访问您的账户前，您必须为账户添加两步验证来进行保护。　　获取帮助

启用两步验证

图 3-27　启用两步认证的界面

两步验证有两种方式，一种是通过电话号码，另一种是通过认证器应用程序。用户可自行选择任一种方式进行验证。这里介绍如何使用电话号码验证。

（1）选择电话号码方式后，输入用于两步验证的电话号码，并通过短信或者语音电话的方式进行验证。

（2）输入短信或者电话收到的验证码，点击"继续"，具体如图 3-28 所示。

（3）启用两步验证。完成上述步骤后，账户注册就已完成。

12. 切换欧洲/北美/日本/澳洲站点

卖家在后台如要切换到其他站点，可以在右上角的站点选择框中，点击下拉菜单并选择目标站点（如美国等），如图 3-29 所示。

一般而言，进行注册时，当欧洲站点已通过审核并处于正常状态，则日本站点（北美、澳洲站点）也处于正常状态并可上传商品目录。

一个卖家后台可以管理多个站点，在右上角选择目标站点直接进入即可。

13. 填写存款方式（收款账户）

（1）亚马逊店铺注册成功后，登录卖家平台，在页面右上角点击"设置"，选择"账户信息"，如图 3-30 所示。

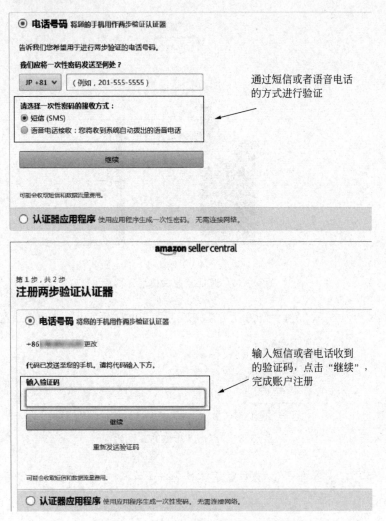

图 3-28 电话号码验证界面及短信验证界面

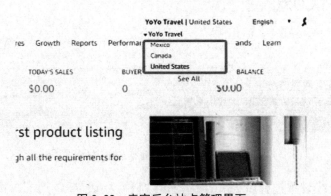

图 3-29 卖家后台站点管理界面

图 3-30 选择"账户信息"界面

（2）在账户信息界面的"付款信息"下，点击"存款方式"，如图 3-31 所示。

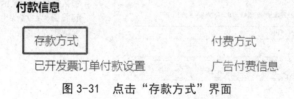

图 3-31 点击"存款方式"界面

（3）在存款方式界面下，如果卖家的店铺未设置过存款方式，请点击"分配"，如图 3-32 所示。

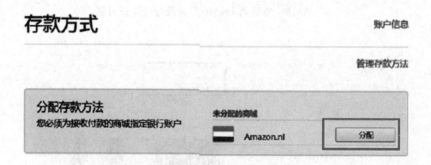

图 3-32 存款方式界面下点击"分配"

如果店铺已经设置过存款方式，请点击"替换默认存款方式"，选择要使用亚马逊全球收款的商场，如美国站（Amazon.com），然后点击"替换"，如图 3-33 所示。

图 3-33 存款方式界面下点击"替换"

（4）在"替换默认存款方式"页面，点击"添加新的存款方式"，进入添加银行账户信息页面，银行所在地选择中国，如图 3-34 所示。

图 3-34 "添加新的存款方式"界面

（5）添加银行账户。

①添加企业银行账户。请参考图 3-35 所示填写银行具体信息，包括银行名称、支行名称、银行所在城市和省份、企业银行账户名称及账号/卡号，并核对信息是否正确，企业银行账户名称需与营业执照相匹配。银行账户仅支持人民币账户。

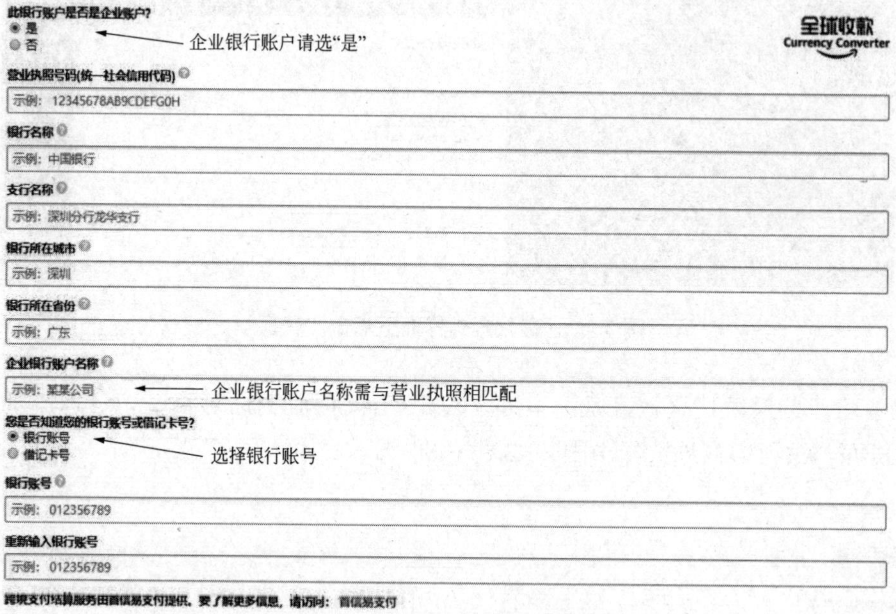

图 3-35 添加企业银行账户界面

填写完成后，勾选接受"首信易支付❶"及"亚马逊全球收款条款和条件"，并点击"设置存款方式"完成设置，如图 3-36 所示。

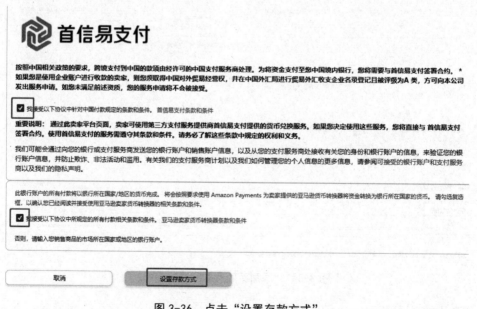

图 3-36 点击"设置存款方式"

---

❶ 首信易支付是中国人民银行和外汇管理局批准的第三方支付品牌，为客户提供跨境支付等高质、安全的国际支付服务。首信易支付作为第三方服务商，与亚马逊卖家平台整合，为卖家提供无缝衔接的体验。

②添加个人银行账户。请参考图 3-37 所示填写银行具体信息，包括银行名称、支行名称、银行所在城市和省份、银行账户持有人姓名及账号 / 卡号，并核对信息是否正确，银行账户持有人姓名需与身份证相匹配。银行账户仅支持人民币账户。

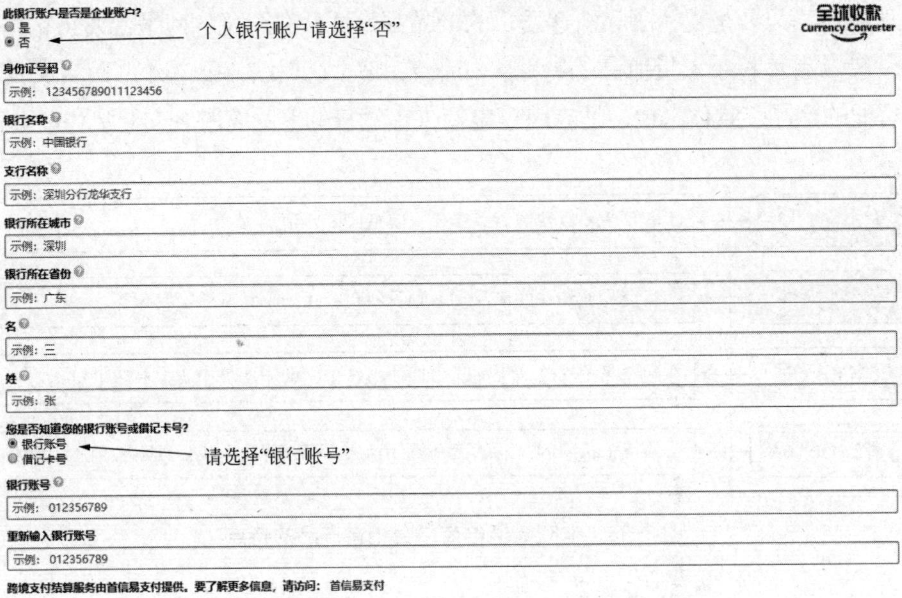

图 3-37　添加个人银行账户界面

填写完成后，勾选接受"首信易支付"及"亚马逊全球收款条款和条件"，并点击"设置存款方式"完成设置，如图 3-36 所示。

请务必保证存款方式信息的正确性，如果卖家的银行账户有问题，亚马逊就无法对卖家的账户进行结算。

第三节　选品

产品的选择对于店铺的销售至关重要，好的产品不仅能带来可观的销量，并且还能提升店铺的整体流量，获得更多的机会入选平台各类活动，提升产品在搜索结果中的排序等，这些优势都将成为店铺的核心竞争能力。

一、适合做跨境电商的产品

跨境电商运营成功的因素有很多，包括人才多、资金足、平台合适等，但做好跨境电商的关键因素是选品正确。如果选品错误,你很可能在跨境创业之初就走了弯路,甚至是越走越远,投入了大量的人力和资源,最终还是失败。

1. 适宜跨境电商平台销售的产品

一般来说,只要是支持国际快递发货的产品都是适合在跨境电商平台发布销售的。这类产品一般具有体积小、货值高的特征,如服装、美妆护肤、3C电子、玩具文具、珠宝首饰等行业的产品。具体来说,适宜跨境电商平台销售的产品有图3-38所示的几个特点。

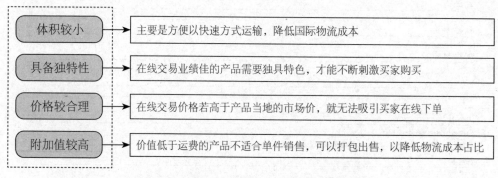

图3-38 适宜跨境电商平台销售产品的特点

2. 不适宜跨境电商销售的产品

一般来说,虚拟商品、商务服务、大型机械设备、原材料类商品、危险品、国内外法律规定禁止销售的商品等不适合在跨境电商平台发布销售。具体清单请参照各平台的平台禁限售规则,为防止影响卖家的交易,卖家必须遵守电商平台交易类产品禁限售规则,在选品时多加注意。

比如,亚马逊全球开店平台上就不能发布以下情况的商品:

(1)违反亚马逊的受限商品政策的商品;

(2)不安全的商品;

(3)只能凭处方购买的商品;

(4)违反任何适用的国内或国际法律,包括违反濒危野生物种贸易公约的商品;

(5)违反第三方知识产权或我们的防伪政策的商品;

(6)违反第三方知识产权或我们的侵犯知识产权政策和防伪政策的商品;

(7)违反任何其他亚马逊政策,包括具有攻击性和争议性商品,以及召回的商品。

> **小提示**
>
> 　　一般来说,诸如化工产品、矿产品、金属、大型机械、液体和粉末状物品都是跨境电商平台不支持也不适宜速递的产品。

二、选品市场调查与分析

由于市场需求与供应在不断更迭,有效的市场调研成为选品工作的首要和关键环节,卖家需要对不同平台、区域、行业和同行等进行多维度调查,挖掘产品潜在数据价值,以确保选品成功。

1. 市场容量调查

卖家可通过在跨境电商平台或搜索工具上输入核心关键词,调查网络市场现在和未来的市场规模。在实际操作时应注意:如果核心关键词是由两个词组构成的,要搜索与其绝对匹配的结果,用双引号;如果商品是针对特殊国家、市场、细分平台的,则必须取对应的结果;如果平台包含了多个子集(如国家、语言、细分平台等),人工统计时则取该项下搜索结果的最高值,机器人统计时则取搜索结果的总数。也就是说,在相关平台和搜索工具上输入相关产品核心关键词,对应的搜索结果能说明该产品的市场容量大小。

2. 市场潜力调查

市场容量是一个静态数据,体现的是当前数据。潜力是一个过程数据,从历史过程的增长情况,预测未来的增长趋势。尤其是可以利用复合增长率这个指标来进行分析,同一个时间段里的复合增长率越高,市场潜力越大。

3. 市场竞争力调查

对于跨境电商选品工作而言,进行竞争力调查,可以分析得出产品的市场空间和市场增长潜力。对竞争力进行测量并赋予相应分数(假设满分是100分,最低分是0分),得分越高,说明竞争越不激烈,机会越大;反之得分越低,说明被对手垄断的程度越高。

4. 消费习惯调查

跨境电商是全球化销售,可以同时销售到不同国家,因此在选品前做跨境市场调研时要重点考虑目标国家的文化、宗教信仰、生活方式、消费习惯、体型、经济状况等因素。

比如,欧美人习惯进行个人聚会、家庭户外活动等;东南亚人网购对价格比较敏感,对卖家的容忍度相对较高,更喜欢新、奇、特等创意的商品,价格低的产品大受欢迎;而中东地区,人们比较喜欢单色,家庭装修产品以民族特色明显的地毯、挂毯较为热销,身材一般比较高大,衣服以"欧码""美国码"为标准,鞋子以"欧码"为尺码标准,电器类产品电压为110伏等。

选品前可以重点考虑以上这些因素,使产品更能适应该区域的消费习惯。

三、目标市场的确定

目标市场是指在市场细分的基础上，以现实或潜在的消费者或用户作为经营对象，依据自身的经营条件而选定或开拓的特定市场。

目标市场的确定通常有图 3-39 所示的三个步骤。

图 3-39　确定目标市场的步骤

1. 市场细分

市场细分就是根据市场需求的多样性和购买行为的差异性，把整体市场划分为若干个具有某种相似特征的顾客群（称为细分市场或子市场），以便选择确定自己的目标市场。

2. 选择目标市场

选择目标市场就是在市场细分的基础上，根据自身优势，从细分市场中选择一个或者若干个子市场作为自己的目标市场，并针对目标市场的特点展开营销活动，以期在满足顾客需求的同时，实现经营目标。

在选择目标市场时，应该遵循图 3-40 所示的三个原则。

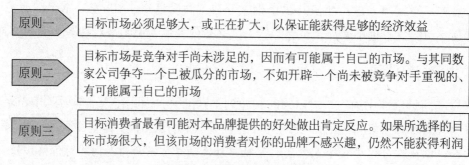

图 3-40　选择目标市场的原则

3. 市场定位

市场定位就是从各个方面为产品创造特定的市场形象，使之与竞争对手的产品相比能显示出不同的特色，以求在目标顾客心目中形成一种特殊的偏爱。

四、跨境选品的原则

对于跨境电商卖家来说,选品是一个至关重要的环节。产品有没有销量、能不能成为爆款,就看选品是否对路。一般来说,跨境电商卖家选品应遵循图3-41所示的原则。

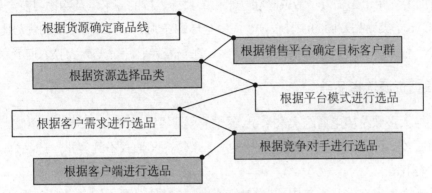

图 3-41 跨境电商卖家选品的原则

1. 根据货源确定商品线

跨境零售商品销售的前提是必须有现货,而且必须拥有稳定的货源,而不是等客户下单了才满世界找货。在现货的基础上,建立自己的商品线就是接下来的头等大事。商品线的设置决定了卖家的目标客户群、销售渠道,决定了竞争对手,决定了企业成本,也决定了跨境平台(公司)的盈利能力。

选择商品的时候,除了要考量市场需求之外,也需要仔细评估这个商品是否能够给平台带来收益。只有能给平台带来利润的商品,那才是一款值得放进平台商品线的商品。

> **小提示**
>
> 组建商品线时,可以简单参考这样一个比例,规划20%的引流商品,规划20%的高利润商品,也就是核心商品,其他是常态商品,互相配合。

当然,商品线的选择也不是一次性到位的,而是根据平台的销售情况,不断调整优化,才能形成的。这期间,出口电商卖家会更加了解商品的行业情况,了解竞争对手在这些品类上的动态,关注对手的SKU变化、价格变化,随时保持竞争力。更重要的是,对行业和店铺的热销品牌、产品,进行综合对比分析,最后通过系统、科学、合理的优化结合,找到最合适的供应商,这是货源的重要保障,在这个过程中卖家也逐渐培养了自己对供应链的掌控能力。

2. 根据销售平台确定目标客户群

商品线确定好了，接下来很重要的一点是要了解你的目标客户群，了解他们的消费特点，了解他们喜欢什么样的品牌，以及这些品牌在该市场的占有率，同时也需要了解你的竞争对手是如何布局他们的同类商品线的。

确定你的商品是在京东全球购，还是在淘宝全球购，或者是在独立平台上销售。卖家在选品方面要立足于第三方平台或者独立平台的目标人群的需求以及购物习惯。如京东全球购在3C电子类商品方面的声誉较好，淘宝全球购在服装、食品等方面的优势比较明显。

另外，你必须了解目标人群的地域差异、性别差异、年龄差异、收入差异等。

3. 根据资源选择品类

对于绝大多数跨境电商的卖家来说，最难的就是"我要卖什么商品"。销量大的商品，竞争店铺太多；价格高的，销量上不去；太小众的，又怕找不到客户。选品是一件非常令人头疼的事情。

实际上，卖家在选品时首先要对自己有清晰的定位，要了解自身的资源。如果有雄厚的资金就可以大批量采购工厂货品；如果是中小卖家，就尽可能围绕自己熟悉的品类或者有良好货源的品类。

还有，公司人力资源储备方面是否有优势，比如你要进入母婴类市场，公司有没有母婴商品的经营经验，公司的主要负责人有没有相关的从业经验，不是说非得要有这些经验，但如果有相关经验，至少出错的概率比较小。

另外，卖家要从影响买家购买决定的因素来考虑，即物流速度、价格、服务和质量。因为品类的选择直接决定着价格、物流方式等一系列环节。

4. 根据平台模式进行选品

具体选择何种商品，卖家在不同平台上也会有所区别，这与平台的特点及规则有一定关系，具体如图3-42所示。

① 以供应链见长的"懂"货的电商平台，布局较早，在货品选择、销售上更具优势，这类平台如网易考拉，主做精品

② 以流量见长的平台，可以将用户流量转变为购买力，如京东全球购、淘宝全球购，这类平台的卖家在选品上有广、深、宽的特点

③ 帮助用户发现好商品的平台，即哪些商品值得买，哪些商品更具有价值，比如洋码头和小红书，通过社区反馈的需求来精准选品

图3-42　平台模式与选品的关系

5. 根据客户需求进行选品

做好选品，其实就是以需求为导向进行选品，消费者需要什么，卖家就卖什么，而不是卖家供应什么，然后让消费者自己挑选是否有需要的东西。要让消费者从"能买到什么"转为"想买到什么"。

另外，从用户需求的角度看，选品要满足用户对某种效用的需求，比如带来生活方便、满足虚荣心、消除痛苦等方面的心理或生理需求。从商品的角度看，选出的商品应是在外观、质量和价格等方面符合目标用户差异化需求的商品。

6. 根据竞争对手进行选品

知道客户需求以后，还需要评估竞争情况，需要考虑图 3-43 所示的两个方面的因素。

图 3-43　评估竞争情况应考虑的因素

（1）商品质量是否具备竞争力。你的竞争对手的平台质量怎么样？你能提供更好的购物体验吗？你能提供更广的选择范围吗？你的定价有竞争力吗？你的物流速度怎么样？有很多人完全没有考虑过自己将面对怎样的对手，就盲目进入了某个品类商品的竞争市场。如果你不能提供有力的理由说服消费者从你这里买东西，那你就没有竞争力。

（2）要从搜索引擎的角度来看。现在跨境进口零售独立平台的引流主要还是靠搜索引擎，甚至客户在搜索某个具体跨境商品时都会被搜索引擎引导到竞争平台上去。所以，你必须了解对手的网站平台从 SEO（search engine optimization，搜索引擎优化）角度来说优势很大吗？你的平台搜索结果出现在第一页的希望有多大？

> **小提示**
>
> 　　一般来说，如果已经有很多平台霸占了搜索第一页，那就说明这个领域中有很多强劲的对手，其地位是你很难撼动的。

7. 根据客户端进行选品

你选择的商品最终端销售到底是在移动端还是在 PC（个人电脑）端，这和你的选品决策也有重大的关系。由于移动设备显示屏展示有限，因此在移动端上不方便进行价格比较。在移动端平台上通过低价商品博得更多关注的概率，相比其他平台小很多，所以卖家在选品方面不能一味地选择低价商品。

相反，对应 PC 端，由于显示屏幕较大，切换、搜索、比较非常便利，甚至有比价网等导购网站，客户对价格的关注度大大提升。因此特别要注意的是哪些品类和价位的商品适合在移动端或者 PC 端销售。有数据显示，200 元以下的商品更适合在移动端销售。

五、跨境选品的技巧

跨境电商在供应链、物流、税制、时间、售后等方面具有特殊性，因此在选品上有一些简单的技巧。

比如，刚开始可选用便宜、返修率低、市场热销的商品打造爆款，吸引买家和提升卖家的口碑。同时，适时推出利润高的主打商品来获得盈利。

这是大多数平台和卖家的一贯做法，最关键的是看是否符合自己公司或者平台的定位。那么跨境选品有什么技巧呢？具体如图 3-44 所示。

图 3-44 跨境选品的技巧

1. 选择核心商品

卖家经营一个店铺或者平台，离不开的就是商品，要获得高流量、高利润，更离不开好的商品。如果我们把商品分为爆款、引流款、利润款三个层次，那么什么样的商品分配结构才能达到理想的效果呢？

（1）爆款。顾名思义，爆款就是非常火爆的商品，它的具体表现如图 3-45 所示。

图 3-45 爆款商品的表现

爆款商品的评价和"晒单"是最好的商品介绍，能吸引客户，增加信任感，能给平台或店铺内其他商品带来关联流量。但是这样的商品却不是利润的来源。也许有人会问，既然爆款商品的订单量和流量都这么高，为什么不是盈利的来源？因为，一般情况下达到高流量、高订单量的商品，价格相对来说不会高，这样造成的直接影响就是给卖家带来的利润低。针对这样的商品，建议一个品类设1~2件。

卖家在打造爆款的前期阶段应把利润尽量降低，这样才方便爆款商品的打造。爆款商品的折扣都设在50%以上，这样方便商品报名参加平台活动，如平台大促以及全店打折等。

（2）引流款。引流款是指为了给平台或者店铺带来流量的商品。同样，这样的商品价格不能过高，一般情况下利润率预期在0~1%。引流款也不是利润的主要来源，一般情况下它获利很少，所以建议每个品类设立5件。这样，对卖家的成本投入要求就不会过高。引流款商品折扣空间可以设置在30%~50%。这样的价格，在报名参加或者举办各种平台活动时就不会被折扣空间限制。再与爆款商品配合，将会有一个非常好的效果。

（3）利润款。一个平台或者店铺的运营离不开效益，利润款就是主要的盈利商品。一般而言，除了爆款和引流款，店铺其他商品都是利润款。利润率由卖家对商品预期利润率的估值来定，虽然这类商品流量不多，但是其利润高。当然，这类商品也要预留折扣空间，这是为了在促销时顺应平台推出的打折活动，折扣空间可以预留5%~20%。有了这样的折扣空间，就方便利润款赶上平台的流量高峰期了。

2. 反向选择爆款商品

我们要清楚行业内的哪些店铺最受欢迎，哪些店铺的增长势头最猛，哪些店铺最有潜力。并且通过对这些行业靠前的店铺的单品进行分析，了解行业中哪些单品好卖，以及有多少平台在销售该商品，这样对于选品来说可谓是事半功倍，可快速形成爆款雏形。

在反向调研时，对于单品，我们要详细了解以下信息。

（1）该单品的毛利情况（采购成本、物流成本等）。

（2）该单品的上架时间，这样就能大致计算出日均销量。

（3）访问量（unique visitor，UV）的转化，也是一个非常重要的调研方向。调研时，要设定一个调研周期,比如是一个月，或是一周。那么需了解该调研周期内的访问量如何，该访问量转化成订单交易的比例（UV转化率）是多少。

这个时候，图3-46所示的两个维度一定要重视。

这两个维度的值越高，那么该单品就越值得我们重视。

3. 选择高利润商品

高利润商品的表现如图3-47所示。

图 3-46　反向调研时需重视的维度

- 差异化商品，即满足消费者差异化需求的商品
- 复购率大、退换货比较少的商品，如食品、保健品、美妆个护商品等
- 有精美时尚包装的商品
- 体积小、重量轻（单件商品打包后的重量小于 2 千克）的商品
- 几乎不需要售后返修、不易损坏、比较耐用的商品
- 操作简单的商品

图 3-47　高利润商品的表现

六、避免选品侵权

1. 侵权的类型

各平台关于侵权产品的认定大同小异，卖家常遇的侵权类型主要分为图 3-48 所示的几种。

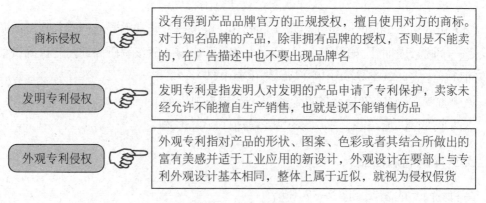

图 3-48　侵权的类型

2. 避免选品侵权的策略

卖家要认真检查自己想卖的产品是否侵权,其策略如下。

首先,利用关键词在平台上搜索,查看有没有相同或者相近的产品,如果有,查看产品有没有商标权和专利权或者利用谷歌识图搜索来分析,如果能搜出很多有logo(标志)的产品,并且与销售的产品相似,那就要注意产品是不是侵权。

其次,以关键词对应的中文在国内的百度或微信上搜索,看能不能找到关于产品的一些信息,去了解该产品是否侵权。

再次,多咨询几家供应商,看他们的产品是否独立开发,有没有专利,了解供货渠道的正当性。

最后,可以去市场国的专利网站查询。以美国外观专利查询为例,进入美国专利局网站;在打开的网页中,选择"Quick Search"或"Advanced Search";进入页面后,选择"Application Type"为"4"(外观设计),然后配合其他信息进行检索。

相关链接

在不同平台如何进行选品

1. 速卖通

速卖通由于门槛低,操作方便,海外知名度大且背靠阿里巴巴,备受跨境电商中小卖家的青睐。一般卖家选择销售何种产品可以先从买家的需求着手,通过速卖通后台的数据,卖家可以清楚地看到哪些行业的买家最多、产品最为热卖、竞争力最小。

除了依据速卖通后台数据进行选品之外,也可以使用谷歌搜索进入海外零售网站,将当地国家在线零售商的销售情况作为选品的参考。

目前在速卖通销售比较多的是时尚类产品和配件以及小家居、运动类产品,而且性价比也相对突出。所以,卖家在速卖通进行选品的时候,可以选择体积小、价格低的产品进行销售。

2. 亚马逊

亚马逊平台的特点是以商品为导向,适合做品牌。但是对于中国卖家来说,在亚马逊上只有"跟卖listing"和"自建listing"两条路线。亚马逊平台允许多个卖家共用一个产品链接,因此,在一个卖家上传产品后,其他卖家可以在此基础上填写价格信息,售卖同样的产品,也就是跟卖。

跟卖要选择销量好的产品,在亚马逊上跟卖的产品大多数是电子类、汽配、家居和运动器材等标准化产品,不过要明确"跟卖"的"母listing"是不是品牌,有无侵权风险。

而自建的这类产品大多数是已经得到认可的品牌,往往是非标准化和主观性产品,相对比较小众,因此选品的核心是这类产品市场的销售容量。

3. eBay

eBay平台的选品较为复杂,对于新卖家来说,可以浏览eBay目前在售产品及热销产品,根据相关信息分析自身的优劣势,从熟悉市场开始做。在eBay平台上卖家从海外仓发货和中国直发,选品思维并不相同。

如果是从海外仓发货,选品思维与在亚马逊上"跟卖"的思维类似,但不同的是,标题、关键词、图片、描述、本地物流选择方式等因卖家自身的不同而不同。

如果是从中国直发,可以借鉴在速卖通上进行选品的操作,不过eBay平台对卖家要求非常严格,而且平台在不同国家的宣传力度不一样。

4. Wish

Wish最大的特点就是移动端,而移动设备显示屏展示有限,因此在该平台上难以进行价格比较,价格优势的作用非常微弱,所以卖家在选品方面不能一味地选择低价产品。而业内人士表示,除了移动端特殊的视角对于页面、整体单品显示的不同之外,在速卖通上进行选品的思维与在Wish上进行选品的思维基本是一致的。

第四节 店铺运营

产品选对了,店铺也建好了,对于卖家来说,接下来需要考虑的就是如何将自己店铺里的产品销售出去,使店铺正常运营。

一、做好产品描述

产品描述是吸引消费者进店购物的第一步,有的跨境商家上传产品不多,却有不少询盘,有些商家每天都在上传产品,效果却很一般,鲜有人询盘。这其中的决定性因素就是产品描述。那么到底如何进行产品描述,才能吸引更多消费者呢?具体要求如图3-49所示。

1. 产品描述开头部分至关重要

一般来说,搜索引擎截取的简短描述往往都来自描述的前几句话。所以在截取内容方面,商家一定要把产品比较吸引人的地方写在最前面,这个只有自己最清楚,他人帮

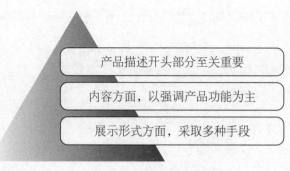

图 3-49　产品描述的要求

不上什么忙。同时要注意掌握语句长度，开头部分要精简、切题，直接点出产品优势即可。

2. 内容方面，以强调产品功能为主

消费者最在乎的首先是产品，其次是价格，最后是服务。也就是说产品功能是最能吸引消费者的。毕竟一个产品买回去就是为了使用它，所以只要让消费者了解产品的功能，并告诉他们这个产品很好用、很耐用就行了。

3. 展示形式方面，采取多种手段

产品描述中最常用的方式就是图文结合。虽然图片更能让消费者了解产品细节，但是切忌图片过多、过大、胡乱堆砌，否则会让消费者感觉很乱，而且影响打开速度，最后消费者可能根本等不到页面刷新出来就关掉了。建议可以放一两张图片，把多种资源整合到一起，或把图片进行分类展示，如果有视频展示那将是绝对的杀手锏。

> **小提示**
>
> 　　除了做好以上三方面外，把一些数据对外公开也是一种可以尝试的方式。毕竟客户的使用体验是最能表现产品品质的。当然这是在把以上三方面做好的前提下。

相关链接

产品描述的黄金法则

1. 强调产品的积极作用

网购消费者也会规避风险，网上购买产品时看不到实体，所以就要看产品描述能不能让消费者感到信任。产品描述可以特别强调产品拥有哪些用户所不了解的优势。据调查显示，消费者一般不会读完整个描述，所以可以使用标题突出产品重点。

2. 少即是多

产品描述尽量简洁,没有消费者希望产品描述跟文章似的。具体产品描述的字数控制在100～300个字。要注意标题,如果标题不能使消费者产生共鸣,他们就会略过了。

3. 尽量真实

产品描述要尽量真实。卖家也许觉得自己的产品是全球最好的,但是这并无证据证明,应避免使用这种描述。如果产品获过奖,不妨说明一下,或者用消费者反馈来证明产品确实不错。消费者评价不仅有利于SEO(搜索引擎优化),而且还能提高一定的销售额。

4. 了解用户

不论卖什么,都要引起消费者的共鸣。卖家和买家对产品描述的感受不同,所以旁观者的观点能帮助卖家从消费者的角度了解事情。消费者是在寻找产品的价值,他们希望知道产品的优势,因此卖家要了解他们为什么会需要这个产品,他们要怎么使用,产品能为他们解决什么问题。

5. 拒绝复制与粘贴

如果一个人进店买东西,他不会希望听到销售员指着旁边的人说"产品就跟他说的一样"。产品描述也一样,从别的网站复制和粘贴不会让卖家赢得客户。所以描述最好是原创的,用自己的文字吸引客户,不要让他们觉得无趣。

二、进行组合销售

许多卖家为了吸引消费者都会降低价格。虽然这招确实能吸引消费者,但是也减少了卖家的利润。通过组合商品,可以让你克服价格竞争的劣势。

在实际情况中,当一个订单里含有多个单位商品时,处理一个组合订单内单位商品的平均费用要比处理一个订单内只有一个商品的费用要低很多。因此不仅你的净利润会增长,单位净利润也会提高。那么卖家怎么提高组合商品的销量呢?具体有图3-50所示的四种方式。

图3-50 进行组合销售的方式

1. 制定免运费最低消费额

顾客喜欢免运费，但是运费并不便宜，所以经常能看到卖家制定免运费最低消费额。如图 3-51 所示，如果单个商品免运费，利润接近于零，而购买两个商品免运费，利润就大大提高了。

图 3-51　单个商品与两个商品免运费利润对比

2. 金额达到一定消费额提供优惠券

优惠券可以刺激消费。可以参照前面的免运费最低消费额，消费达到一定金额也可提供优惠券。

3. 附加商品

另一个可以提高订单中单位商品数量的方式是提供相关的其他产品，比如买家购买了滑板车，你可以销售附加商品，比如头盔、护膝等。

这种方式不仅能提高销量，还能收获更多利润。图 3-52 中，右边是增加了 10 美元的附加商品。

图 3-52　增加附加商品的利润对比

> **小提示**
>
> 对于提供附加商品，还可以考虑 A/B 测试，比如一开始先不提供折扣，然后过段时间再提供优惠，比较两者的转化率。

4. 捆绑销售

如果不提供附加商品，那卖家可以进行捆绑销售。比如你提供代餐产品，一包可使用 30 天，你不妨考虑两包一起销售并提供折扣，如图 3-53 所示。

统一运费$5 （售出一个单位商品）		统一运费$5 （售出包含两个单位商品的组合装，享九折优惠）	
收入		收入	
商品销售	$30.00	商品销售	$54.00（九折优惠）
航运收入	$5.00	航运收入	$5.00
总计	$35.00	总计	$59.00
费用		费用	
销货成本	$15.00	销货成本	$30.00
订单处理费用	$1.50	订单处理费用	$1.65
包装费用	$0.30	包装费用	$0.30
运费	$3.50	运费	$4.50
总计	$20.30	总计	$36.45
单位销售净收入	$14.70	单位销售净收入	$11.28
净收入总额	$14.70	净收入总额	$22.55

图 3-53　捆绑销售前后利润对比

总结来说，当你吸引消费者购买更多商品时，虽然单位利润减少了，但是总利润增加了，因此你就可以降低价格，赢得竞争。

三、提升复购率

复购率是指消费者对已经购买过的产品或者服务再次购买的次数比例，即便当前在不同平台上对于复购率的衡量标准有所不同，但基于行业中普遍推行的客户计算法和交易计算法，卖家也应该就买卖双方具体的对接和交易下足功夫，以期提高商户的复购率。卖家可从图 3-54 所示的几个模块中寻求维持自身产品的需求弹性，提升产品复购率的突破口。

图 3-54　提升复购率的突破口

1. 产品模块

（1）不可替代性。同质化可能是产品销售最大的短板，供货来源和产品本身的差异化和垄断性才是产品不可替代性的结构基础。不同品类的厂商可根据自家产品不同的市场定位和品类类目，从外观、材质、效用等角度去发掘产品的不可替代性，具体如图3-55所示。

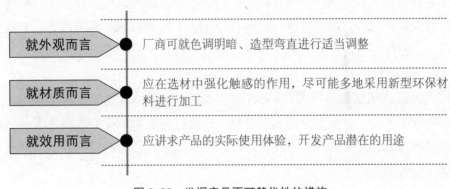

图3-55　发掘产品不可替代性的措施

（2）凸显优质化。以"质"取胜算是卖家和厂商默认的"潜规则"。卖家和厂商应及时迎合市场对于产品质量的变动调整，在合理调控利润空间的前提下，加强对产品质量的把控，坚决抵制假冒伪劣产品。厂商和卖家可以就产品打样环节进行监督，保证产品材质、生产流程和质检的合规化，避免因一个环节的疏漏而降低产品的整体品质。

（3）扩大产业链。相对于那些产品更新快的企业而言，家用电器这类使用寿命长的产品在提升复购率方面具有一定的劣势。这就要求相关厂商，借助产品线的延伸设计来保障企业的后续盈利，通过拉长生产线设计出好产品，满足重复购买者不同的产品需求。这样不仅可以达到交叉销售的目的，还能够在促进财务进账的同时提高品牌系列产品的复购率，增强客户对品牌的认知黏性。

2. 服务模块

（1）物流配送。买家对物流配送快慢具有极高的敏感度，配送速度的快慢直接决定了买家对产品满意度的高低，避免延发、错发是物流配送取胜的关键。厂商和卖家提升物流配送速度的手段是多种多样的，物流信息实时更新、优化运输工具和配运渠道、扩充机动快递人员等方式都能够为物流配送提速提供一臂之力。

（2）用户体验。近些年来，产品仅具有客户所需的基础效用已经不能满足受众的需求了，更多的客户开始扩大自身的"体验需求"，产品性能、使用者的状态，以及体验过后的心理状况等实际因素，越来越成为客户决定再次购买的衡量标准。

3. 管理模块

（1）优化详情页的设计。精练、简洁的页面布局能有效帮助卖家吸引流量，在获取流量的基础上将流量优势转化为直观的下单量。卖家可以针对不同的目标受众对网站页面进行区分，在色彩搭配、页面布局、字体大小等店铺装修上进行优化，合理调试网站营运的灵活度和空间布局，尽可能多地在有限的整体页面上对上架产品提供最大量的展示。

（2）复购数据的直观分析。在复购率分析中，统计周期至关重要，卖家要结合运营产品类目周期进行分析，竭力打造一流的管理团队，按时采集产品销售的最新数据，通过制作报表、曲线图等对比方式分析周期内品牌的营销状况，得出不同购买形式下的复购率，从而选用最好的购买形式，以保证顾客的高复购率。

卖家也可以选择组建专门的"复购管理小组"，针对一次复购、两次复购、多次复购等不同的数据类型，分析企业的复购数据，剖析这种现象产生的客观因素，制定相应的分配和管理措施，配合相应的市场推广和营销策划，找到后期复购管理的侧重点，帮助厂商提升复购率。

> **小提示**
>
> 随着市场格局的调整改变，卖家应该就上述不同的应对之策选取适合自己的手段并加以分析，赢取黏性高的买家群体，保证自身产品的高复购率。

第五节 客户服务

客户服务指的是企业与其客户的交流方式，它针对企业的市场营销、销售、服务与技术支持等与客户有关的领域。客户服务直接影响复购率，无论其所提供的产品是有形的物，还是无形的服务，最终都将受到市场和普通消费者的检验。

一、客户服务的职能

跨境电商的客户服务职能如图3-56所示。

二、客服人员应具备的能力

跨境电商服务的对象理论上是全球的客户，碎片化和在线化又让客户的需求和标准

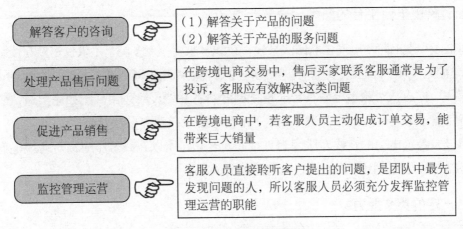

图 3-56 客户服务的职能

变得多层次,海外客户更多是通过页面描述、站内信、不交流的方式下单。万一产生客户售后问题,无论在退货成本、沟通精力,还是在运营风险方面都会面临很大的考验。因此,这就要求跨境电商在线客服应该具备图 3-57 所示的能力。

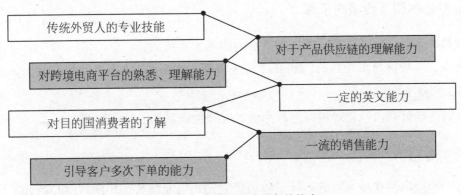

图 3-57 在线客服应具备的能力

1. 传统外贸人的专业技能

传统外贸人的专业技能包括对外贸行业的理解能力、丰富的外贸专业知识(如支付、物流、关税、退税等相关专业知识)等。

2. 对于产品供应链的理解能力

其实无论我们做传统外贸还是跨境电商,要把生意做好,就应该有优质、有特色的产品。同时作为在线客服,我们应该对自己经营的产品非常熟悉,只有充分了解产品,才可以履行一个在线客服的基础职能,就是跟客户沟通,引导客户下单交易。对于产品供应链的理解,可以让你在后期的运营中更多体现自己的核心竞争力。

3. 对跨境电商平台的熟悉、理解能力

对很多小型的跨境电商创业团队来说，在线客服要一专多能，不仅仅需要在线跟客户沟通，也需要兼顾平台运营。如果你要成为一个合格的跨境电商在线客服，应做到以下两点。

第一，你应该对跨境电商平台的规章制度熟悉并能灵活运用。比如速卖通，应熟悉其招商门槛政策、大促团购玩法等，熟悉平台你才可以顺应平台发展。

第二，跨境电商的在线客服因为直接面对客户，所以在线客服应该对跨境电商的整套流程都非常熟悉，比如物流、各国的海关清关等。

4. 一定的英文能力

有人说，跨境电商其实对于英文的要求不高，比如速卖通这样的操作平台，平台操作界面是中文，而且很多跨境电商卖家可以使用翻译软件。但是你如果要精细化地做好跨境电商运营，具备一定的英文能力是非常重要的，这体现在详细的页面描述、跟客户沟通中，特别是与客户有消费纠纷时，有语言优势的客服更能解决客户的问题。

5. 对目的国消费者的了解

要做好生意，你还应该了解目的消费国的风土人情。

比如，目的消费国是巴西，就应该熟悉巴西人的性格，巴西人比较爽快、幽默，同时性格上比较直。

掌握这些你就可以更好地跟客户沟通，最终促进销售业绩的提高。

6. 一流的销售能力

一个跨境电商在线客服的好坏还体现在他的销售业绩和客户满意度的高低。一个好的跨境电商客服，应该具有图3-58所示的销售能力。

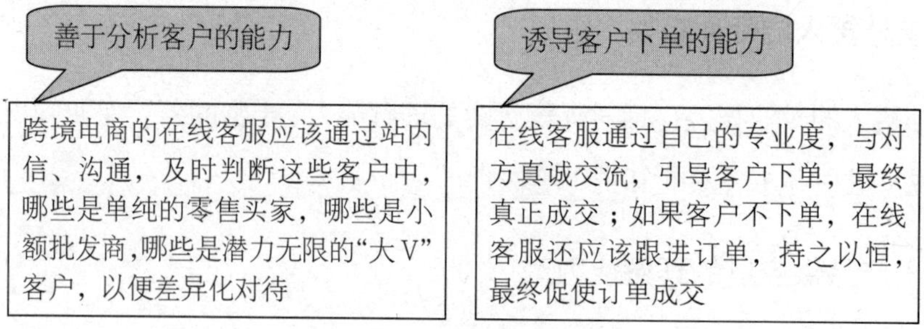

善于分析客户的能力

跨境电商的在线客服应该通过站内信、沟通，及时判断这些客户中，哪些是单纯的零售买家，哪些是小额批发商，哪些是潜力无限的"大V"客户，以便差异化对待

诱导客户下单的能力

在线客服通过自己的专业度，与对方真诚交流，引导客户下单，最终真正成交；如果客户不下单，在线客服还应该跟进订单，持之以恒，最终促使订单成交

图3-58 应具有的销售能力

7. 引导客户多次下单的能力

在线跨境电商要运营成功，其实核心还是靠客户的黏合度。老客户重复下单次数的

多少真正决定了店铺的成功与否,客户会二次或者多次下单的前提首先应该是对于第一次交易的高度满意,这跟跨境电商在线客服的专业度和耐心都是分不开的。专业的跨境电商卖家会在第一次销售过程中真正解决客户的问题,比如说对于产品、跨境物流、售后的问题等。客户的二次开发还包括第二次的优惠幅度与打折、建立客户关怀档案等措施。

> **小提示**
>
> 客户服务首先是一种服务理念,其核心思想是将企业的客户作为最重要的企业资源,通过完善的客户服务和深入的客户分析来满足客户的需求,保证实现客户的终身价值。

三、做好客户服务的技巧

电商客服可用以下技巧来做好客户服务。

1. 提高买家满意度

提高买家满意度的技巧如图 3-59 所示。

1 产品信息描述详细、完整
2 快速及时地回复询盘(简洁、礼貌、清晰)
3 与买家保持良好沟通(积极回应、冷静处理问题)
4 为买家提供优质的物流体验(发货速度、物流运送时间、货物完整性、送货员的服务态度、物流跟踪等)
5 为买家提供高质量的商品
6 做好售后服务,及时处理纠纷

图 3-59 提高买家满意度的技巧

2. 做好二次营销

要做好二次营销,电商客服需注意以下几点。
(1)要筛选出重点客户,方法如图 3-60 所示。

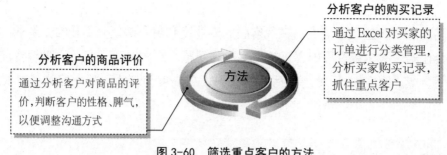

图 3-60　筛选重点客户的方法

（2）要选择合适的二次营销时机，如图 3-61 所示。

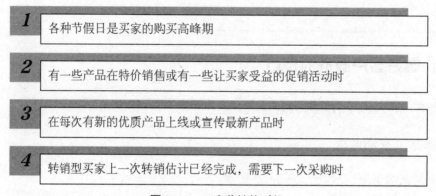

图 3-61　二次营销的时机

（3）要注意沟通时间点。由于时差的缘故，在卖家日常工作的时候（北京时间 8:00～17:00），会发现大部分国外买家的即时通信软件都显示离线。当然，即使国外买家不在线，卖家也可以通过留言联系买家。不过，建议卖家应尽量选择买家在线的时候联系，这意味着卖家应该学会在买家所在地的工作时间联系国外买家，因为这个时候买家在线的可能性最大，沟通效果更好。

（4）主动联系。卖家可以利用沟通工具主动联系老客户，比如旺旺、Facebook、站内信等。

四、解决客户争议的流程

跨境电商现在最大的痛点就是客户体验差，这里面的深层次原因包括跨境物流时间长、售后维权难、沟通成本大等，而跨境电商发生争议后往往卖家的压力和损失非常大，很难像国内网购退货这样简单，所以在线客服解决订单争议的能力尤为重要。解决客户争议一般的流程如图 3-62 所示。

1. 让客户体会到卖家解决争议的诚意

西方消费者非常看重卖家的态度，因为其消费理念相对成熟，买家认为卖家感恩买

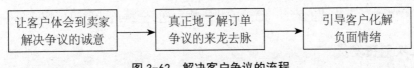

图 3-62 解决客户争议的流程

家的购买是理所应当的事情,这也是为什么西方的消费者更强调购物的维权主张。遇到如客户对产品不满意、物流体验差、客户要求退款等争议,我们首先要做的是体现解决争议的态度,感恩客户,对于客户的遭遇表示理解,并且承诺会积极地解决问题。

2. 真正地了解订单争议的来龙去脉

跨境电商的争议最容易集中在物流环节,比如说丢件、产品破损。在线客服遇到客户争议时,应该冷静地分析事情的来龙去脉,注意电子证据,比如聊天记录、物流记录。如果是客户误会,应通过真实的电子证据跟客户真诚沟通,请求客户理解。

3. 引导客户化解负面情绪

客户对于订单有争议或对产品不满意,肯定会有很多负面的情绪,表现形式包括给差评、在社交媒体上曝光等。这是考验在线客服业务能力的时候,好的客服会通过自己的专业度和语言能力,以站内信、App 软件、电话等方式跟客户充分沟通,并且理解、认同客户,最终让客户再次信任我们,让客户化解负面情绪,为争议的解决打下基础。

五、处理客户争议的方式

对于跨境电商交易过程中产生的争议,处理起来其实有非常多的方式,如图 3-63 所示。

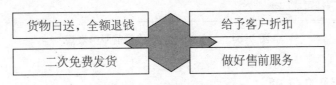

图 3-63 处理客户争议的方式

1. 货物白送,全额退钱

比如,你发了一个到美国的跨境快件,有时物流价格比产品本身价格高非常多,如果出现争议,很多跨境电商的新人考虑到客户满意度、店铺好评率和评分,也为了快速解决客户争议,就最直接也最草率地告知客户,货不要了,钱全部退给你。其实这种表面上看上去很豪爽的争议处理方式恰恰证明了在线客服的不专业和不成熟,因为这样对于卖家来说成本损失是最大的,很多时候客户反而会感觉你缺少真诚。因为更多的客户花钱是希望得到真正想要的产品,简单的"货物白送,全额退钱"不能提高客户的体验感。

2. 二次免费发货

解决争议的第二种方式就是,免费再给客户发一次货。在这里其实有一个沟通处理技巧,可以使"免费"并非完全免费。我们可以在客户充分谅解的基础上,建议客户承担货物的部分价值,比如一个产品出现破损或者其他令客户不满意的情况,让客户承担一定金额,同时二次发货,有些客户愿意接受,那么就可以减少卖家的损失。

3. 给予客户折扣

这是我们最倡导的一种方式,比如产品破损直接返还客户一定的交易金额,一般来说客户都愿意接受。但是这里面会有一个沟通技巧的问题,在线客服沟通的技巧和能力直接决定给客户折扣的幅度。

4. 做好售前服务

把跨境电商客户的争议率控制在非常低的范围,是考核在线客服服务质量的重要指标。好的在线客服会做好售前服务,其表现为图3-64所示的几个方面。

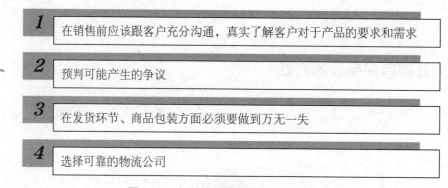

图3-64　好的在线客服的售前服务表现

六、客户评价处理

好的客户评价是让电商得以平稳运行的重要因素之一。如今的顾客越来越依赖于这种有价值的社会口碑,而如果电商卖家能够利用好这些评论的价值,将为卖家提供一种独一无二的营销优势。

1. 及时回复买家的评价

对买家的评价做出积极及时的回复,是与买家保持有效沟通的重要方法,这样有利于拉近与买家之间的心理距离,与买家形成良性联系。

2. 引导买家修改中差评

卖家如果收到了中差评，认为买家给自己的评价不公平，卖家可以自主引导买家修改给自己的评价。而对于中差评，卖家应了解导致中差评产生的原因，从而采取相对应的解决办法，具体如表3-3所示。

表3-3 中差评的处理

序号	原因	应对方法
1	针对商品差异产生的中差评	（1）卖家不要过度宣传产品效果，在上传商品图片时，要多发一些细节图，尽量让买家看清楚。当买家收到产品后，在第一时间询问或质问商品颜色和形状差异时，卖家要主动进行解释。如果解释合理，买家是可以谅解的 （2）卖家在上传图片的时候可以上传多角度的细节图，或者可以放上没有修图处理过的照片，尽量让买家有全面的视觉印象，避免因图片不符而带来不必要的投诉和中差评
2	针对质量问题产生的中差评	对于单纯由于质量问题产生的中差评是比较好解决的。如果确实是商品质量有问题，最简单的办法就是，询问对方怎么样处理才能修改中差评，然后看对方提出的条件卖家是否可以接受。首先，收到中差评之后及时与买家联系，询问一下对产品不满意的具体原因。在此基础上，让买家提供相应的照片。其次，卖家要回到自己的出货记录中寻找相同批次内其他产品的反馈，分析一下库存中的货物质量，如果确实存在买家反映的问题，就要及时积极地解决。通过退款或者换货的方式，让买家满意并且修改评价
3	针对因买家个人使用不当导致的中差评	如果卖家在沟通调查中发现是由于买家个人使用不当而给出的中差评，一般有两种解决方案。第一种，如果以消除中差评为主要目的，就应该和买家仔细解释为什么会出现这样的质量问题，到底是因为在使用过程中存在哪些不正确的地方，最后和买家商量以何种方式可以使其满意并修改中差评。第二种，如果是买家个人原因导致的质量问题，买家又不愿意修改中差评的，那么卖家应选择回复，并附上产品的使用说明及相关事项，这也是一种中评、差评营销，但是这种方法可能是大多数卖家在无法消除中差评的时候不得不采取的方法
4	针对买家在下单前的细节要求没有得到满足产生的中差评	有很多买家在下单之初，就在订单下面进行留言，比如，这是为了一些特殊场合准备的（比如面试、婚礼等），请不要让我失望等。遇到这样的订单，首先应该交代出货的人员，要特别注意该订单的质量和包装。其次，如果这个客户买了一个非常便宜的产品，但是从询盘的态度上又可以看出他很期待，这种情况下为了避免中差评，应该要考虑减少一点利润去满足这个客户的心理预期。如果在发货之前稍微揣摩一下客户的心理，满足了客户的各种细节要求，一些不必要的中差评是完全可以避免的
5	针对物流原因产生的中差评	卖家在发快递时，需要特别注意产品的规格、数量及配件与订单上保持一致，以防漏发引起纠纷，同时在包裹中提供产品清单，提高专业度。如果店铺发货产品属于数量较多、数额较大的易碎品，可以将包装发货过程拍照或录像，以留作纠纷处理时的证据。另外，关于免邮，卖家要关注填报的申报价值，看在运费之外是否还有关税产生。如果卖家也不清楚，要预先与买家沟通好，以免买家在支付关税时责怪卖家或拒收产品

续表

序号	原因	应对方法
6	针对支付账户额外扣款产生的中差评	卖家要给买家解释清楚，此额外收费是其他部门如银行收取的，卖家可以提醒一下买家这种支付方式可能产生手续费

> **小提示**
>
> 造成中差评的因素有很多，还有各种交易中产生的误会也有可能给店铺带来中差评，这就要求卖家面对中差评时保持平常心，积极主动地与客户进行良好的沟通，了解客户真正不满意的地方，对症下药，解决中差评问题。

3. 投诉违规评价

对于一些违规评价，卖家也可以向电商平台进行投诉。常见的违规评价主要有以下几种。

（1）买家的评论与交易无关，或使用了不当的语言，或披露了卖家的私人信息。

（2）买家利用中差评胁迫卖家给予额外的利益。

（3）竞争对手的恶意评价。

第四章
跨境电商通关与报税

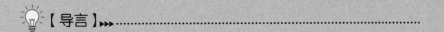
【导言】

海关对不同管理对象、不同贸易方式的进出口货物，在具体通关环节和手续上有不同要求。

第一节　办理注册登记

企业在海关环节做的第一步就是办理电商企业注册登记。在注册登记过程中，企业首先要弄清跨境电商企业有哪些类型。

一、跨境电商企业的类型

目前，跨境电商企业共有五种类型，分别为跨境电子商务企业、跨境电子商务企业境内代理人、跨境电子商务平台企业、支付企业、物流企业。

1. 跨境电子商务企业

跨境电子商务企业是指自境外向境内消费者销售跨境电子商务零售进口商品的境外注册企业（不包括在海关特殊监管区域或保税物流中心内注册的企业），或者境内向境外消费者销售跨境电子商务零售出口商品的企业，为商品的货权所有人。

2. 跨境电子商务企业境内代理人

境内代理人是指开展跨境电子商务零售进口业务的境外注册企业所委托的境内代理企业。

3. 跨境电子商务平台企业

跨境电子商务平台企业是指在境内办理工商登记，为交易双方（消费者和跨境电子商务企业）提供网页空间、虚拟经营场所、交易规则、信息发布等服务，设立供交易双方独立开展交易活动的信息网络系统的经营者。

4. 支付企业

支付企业是指在境内办理工商登记，接受跨境电子商务平台企业或跨境电子商务企业境内代理人委托为其提供跨境电子商务零售进口支付服务的银行、非银行支付机构以及银联等。

5. 物流企业

物流企业是指在境内办理工商登记，接受跨境电子商务平台企业、跨境电子商务企业或其代理人委托为其提供跨境电子商务零售进出口物流服务的企业。

二、办理注册登记

纳入海关注册登记（进出口收发货人或者报关企业）的参与跨境电子商务业务企业的范围如下。

（1）跨境电子商务平台企业、物流企业、支付企业等参与跨境电子商务零售进口业务的企业。

（2）境外跨境电子商务企业的境内代理人。

（3）跨境电子商务企业、物流企业等参与跨境电子商务零售出口业务且需要办理报关业务的企业。

参与跨境电子商务零售进出口业务并在海关注册登记的企业，纳入海关信用管理，海关根据信用等级实施差异化的通关管理措施。

三、办理注册登记流程

第一步：办理报关单位注册登记

通过"中国国际贸易单一窗口"标准版"企业资质"子系统（图4-1），或通过"互联网+海关"一体化网上办事平台（图4-2）"企业管理和稽查"→"进出口货物收发货人备案"子系统填写相关信息，并向海关提交申请。

图4-1 "中国国际贸易单一窗口"标准版"企业资质"子系统界面

图 4-2 "互联网+海关"一体化网上办事平台界面

申请提交成功后,企业需到所在地海关企业政务服务窗口提交加盖公司印章的报关单位情况登记表。

> **小提示**
>
> 是否需提交纸质申请资料,需遵守当地海关的规定。如广州海关辖区企业可通过"粤商通"办理注册登记,无需提交纸本申请材料。

第二步:办理电子口岸 IC 卡

具体办理流程,企业需联系所在地的数据分中心的制卡中心进行申请办理,可到中国电子口岸首页客服专区中的分支机构模块(图 4-3)查询联系方式。

电子口岸法人卡、操作员卡、读卡器,如图 4-4 所示。

第三步:变更企业信息

已经办理报关单位注册登记的企业,需要通过申请注册登记变更的方式向海关申请跨境贸易电子商务企业备案;海关受理后,予以确认,完成备案。提交申请时,应在"经营范围"栏目注明"跨境电子商务类型""跨境电子商务网站网址",如图 4-5 所示。

注意:

① 在"中国国际贸易单一窗口"界面需使用电子口岸法人 IC 卡插卡登录,并在变更时勾选对应企业类型,如"电子商务企业""电子商务交易平台""物流企业""支付企业""监

第四章 跨境电商通关与报税

图 4-3 分支机构模块

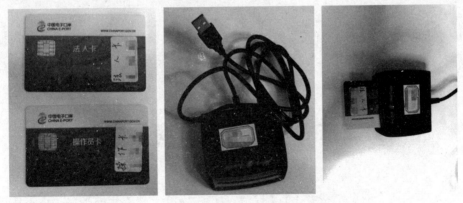

图 4-4 电子口岸法人卡、操作员卡、读卡器

管场所经营人"等，可复选。

② 办理变更时，参与跨境电子商务业务的物流企业还应获得国家邮政管理部门颁发的快递业务经营许可证。其分支机构向邮政管理部门备案并列入"经营快递业务的分支机构名录"的，可以办理物流企业注册登记。

③ 支付企业为银行机构的，应具备银保监会或者原银监会颁发的金融许可证；支付

89

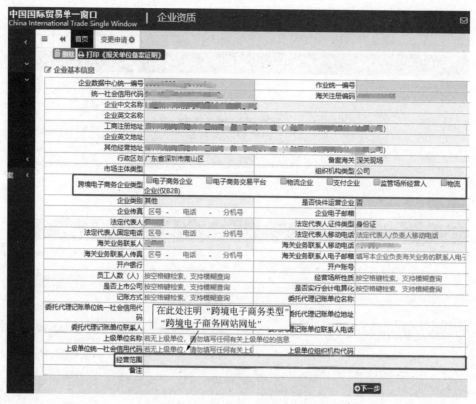

图 4-5 在"经营范围"栏目注明

企业为非银行支付机构的,应具备中国人民银行颁发的支付业务许可证,支付业务范围应当包括"互联网支付"。

④ 对其他参与企业,确有需要的,可以办理无报关权其他企业登记,企业应提交跨境电商信息登记表。

第二节 零售进出口商品监管

跨境电子商务企业、消费者(订购人)通过跨境电子商务交易平台实现零售进出口商品交易,并根据海关要求传输相关交易电子数据的,应依法接受海关监管。

一、通关管理

(1)对跨境电子商务直购进口商品及适用"网购保税进口"(监管方式代码1210)进口政策的商品,按照个人自用进境物品监管,不执行有关商品首次进口许可批件、注册或备案要求。但对出现重大质量安全风险的商品启动风险应急处置时除外。

适用"网购保税进口 A"（监管方式代码 1239）进口政策的商品，按《跨境电子商务零售进口商品清单（2018 版）》尾注中的监管要求执行。

（2）海关对跨境电子商务零售进出口商品及其装载容器、包装物按照相关法律法规实施检疫，并根据相关规定实施必要的监管措施。

（3）跨境电子商务零售进口商品申报前，跨境电子商务平台企业或跨境电子商务企业境内代理人、支付企业、物流企业应当分别通过"中国国际贸易单一窗口"或跨境电子商务通关服务平台向海关传输交易、支付、物流等电子信息，并对数据真实性承担相应责任。

直购进口模式下，邮政企业、进出境快件运营人可以接受跨境电子商务平台企业或跨境电子商务企业境内代理人、支付企业的委托，在承诺承担相应法律责任的前提下，向海关传输交易、支付等电子信息。

（4）跨境电子商务零售出口商品申报前，跨境电子商务企业或其代理人、物流企业应当分别通过"中国国际贸易单一窗口"或跨境电子商务通关服务平台向海关传输交易、收款、物流等电子信息，并对数据真实性承担相应法律责任。

（5）跨境电子商务零售商品进口时，跨境电子商务企业境内代理人或其委托的报关企业应提交《中华人民共和国海关跨境电子商务零售进出口商品申报清单》（以下简称《申报清单》），采取"清单核放"方式办理报关手续。

跨境电子商务零售商品出口时，跨境电子商务企业或其代理人应提交《申报清单》，采取"清单核放、汇总申报"方式办理报关手续。

跨境电子商务综合试验区内符合条件的跨境电子商务零售商品出口，可采取"清单核放、汇总统计"方式办理报关手续。

《申报清单》与《中华人民共和国海关进（出）口货物报关单》具有同等法律效力。

按照上述第（3）至（5）条要求传输、提交的电子信息应附加电子签名。

（6）开展跨境电子商务零售进口业务的跨境电子商务平台企业、跨境电子商务企业境内代理人应对交易真实性和消费者（订购人）身份信息真实性进行审核，并承担相应责任；身份信息未经国家主管部门或其授权的机构认证的，订购人与支付人应当为同一人。

（7）跨境电子商务零售商品出口后，跨境电子商务企业或其代理人应当于每月 15 日前（当月 15 日是法定节假日或者法定休息日的，顺延至其后的第一个工作日），将上月结关的《申报清单》依据清单表同一收发货人、同一运输方式、同一生产销售单位、同一运抵国、同一出境关别，以及清单表同一最终目的国、同一 10 位海关商品编码、同一币制的规则进行归并，汇总形成《中华人民共和国海关出口货物报关单》向海关申报。

允许以"清单核放、汇总统计"方式办理报关手续的，不再汇总形成《中华人民共和国海关出口货物报关单》。

（8）《申报清单》的修改或者撤销，参照《中华人民共和国海关进（出）口货物报关单》

修改或者撤销有关规定办理。

除特殊情况外,《申报清单》《中华人民共和国海关进(出)口货物报关单》应当采取通关无纸化作业方式进行申报。

二、税收征管

(1) 对跨境电子商务零售进口商品,海关按照国家关于跨境电子商务零售进口税收政策征收关税和进口环节增值税、消费税,完税价格为实际交易价格,包括商品零售价格、运费和保险费。

(2) 跨境电子商务零售进口商品消费者(订购人)为纳税义务人。在海关注册登记的跨境电子商务平台企业、物流企业或申报企业作为税款的代收代缴义务人,代为履行纳税义务,并承担相应的补税义务及相关法律责任。

(3) 代收代缴义务人应当如实、准确向海关申报跨境电子商务零售进口商品的商品名称、规格型号、税则号列、实际交易价格及相关费用等税收征管要素。

跨境电子商务零售进口商品的申报币制为人民币。

(4) 为审核确定跨境电子商务零售进口商品的归类、完税价格等,海关可以要求代收代缴义务人按照有关规定进行补充申报。

(5) 海关对符合监管规定的跨境电子商务零售进口商品按时段汇总计征税款,代收代缴义务人应当依法向海关提交足额有效的税款担保。

海关放行后 30 日内未发生退货或修撤单的,代收代缴义务人在放行后第 31 日至第 45 日内向海关办理纳税手续。

三、场所管理

(1) 跨境电子商务零售进出口商品监管作业场所必须符合海关相关规定。跨境电子商务监管作业场所经营人、仓储企业应当建立符合海关监管要求的计算机管理系统,并按照海关要求交换电子数据。其中开展跨境电子商务直购进口或一般出口业务的监管作业场所应按照快递类或者邮递类海关监管作业场所规范设置。

(2) 跨境电子商务网购保税进口业务应当在海关特殊监管区域或保税物流中心(B型)内开展。

四、检疫、查验和物流管理

(1) 对需在进境口岸实施的检疫及检疫处理工作,在完成后方可运至跨境电子商务监管作业场所。

（2）网购保税进口业务：一线入区时以报关单方式进行申报，海关可以采取视频监控、联网核查、实地巡查、库存核对等方式加强对网购保税进口商品的实货监管。

（3）海关实施查验时，跨境电子商务企业或其代理人、跨境电子商务监管作业场所经营人、仓储企业应当按照有关规定提供便利，配合海关查验。

（4）跨境电子商务零售进出口商品可采用"跨境电商"模式进行转关。其中，跨境电子商务综合试验区所在地海关可将转关商品品名以总运单形式录入"跨境电子商务商品一批"，并需随附转关商品详细电子清单。

（5）网购保税进口商品可在海关特殊监管区域或保税物流中心（B型）间流转，按有关规定办理流转手续。以"网购保税进口"（监管方式代码1210）海关监管方式进境的商品，不得转入适用"网购保税进口A"（监管方式代码1239）的城市继续开展跨境电子商务零售进口业务。网购保税进口商品可在同一区域（中心）内的企业间进行流转。

五、退货管理

（1）在跨境电子商务零售进口模式下，允许跨境电子商务企业境内代理人或其委托的报关企业申请退货，退回的商品应当符合二次销售要求并在海关放行之日起30日内以原状运抵原监管作业场所，相应税款不予征收，并调整个人年度交易累计金额。

在跨境电子商务零售出口模式下，退回的商品按照有关规定办理有关手续。

（2）对超过保质期或有效期、商品或包装损毁、不符合我国有关监管政策等不适合境内销售的跨境电子商务零售进口商品，以及海关责令退运的跨境电子商务零售进口商品，按照有关规定退运出境或销毁。

第三节　零售进口商品通关

跨境电商零售进口是指中国境内消费者通过已在海关备案的跨境电商第三方平台经营者自境外购买商品，并通过"网购保税进口"或"直购进口"运递进境的消费行为。

一、跨境电商零售进口通关模式

跨境电商零售进口（图4-6）主要有网购保税进口（海关监管方式代码1210）和直购进口（海关监管方式代码9610）两种通关模式。

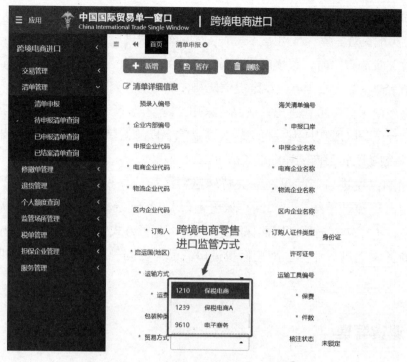

图 4-6 跨境电商零售进口的界面

1. 网购保税进口

网购保税进口指符合条件的电子商务企业或平台与海关联网,电子商务企业将整批商品运入海关特殊监管区域或保税物流中心(B型)内并向海关报关,海关实施账册管理。境内个人网购区内商品后,电子商务企业或平台将电子订单、支付凭证、电子运单等传输给海关,电子商务企业或其代理人向海关提交清单,海关按照跨境电子商务零售进口商品征收税款,验放后账册自动核销。

简单地说,就是电商企业先将海外商品以批量报关的方式存入海关特殊监管区域或保税物流中心(B型)内的"保税仓",由海关实施电子账册管理。境内消费者下单购买后,商品从境内的"保税仓"发出,由国内快递送达消费者。从时效来说,通常 1~3 天即可将商品送达消费者。

2. 直购进口

直购进口是指符合条件的电子商务企业或平台与海关联网,境内个人跨境网购后,电子商务企业或平台将电子订单、支付凭证、电子运单等传输给海关,电子商务企业或其代理人向海关提交清单,商品以邮件、快件方式运送,通过海关邮件、快件监管场所入境,按照跨境电子商务零售进口商品征收税款。

相对于网购保税进口,直购进口也是购买跨境商品时较为常见的"海外仓发货"(或

"××直邮")的模式。在这个模式下,电商企业直接向境内消费者销售海外商品。在境内消费者下单后,商品集中从境外海外仓发出,经过跨境物流运输后,再由国内快递送达消费者。从时效来说,受海外仓所在地以及跨境物流效率等不同因素的影响,需要几天至几周不等的时间将商品送达消费者。

二、主要通关流程

消费者在跨境电子商务平台购买进口商品后,一般会经过三个环节,如图4-7所示。

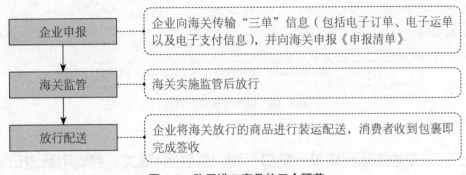

图 4-7 购买进口商品的三个环节

根据有关规定,跨境电商企业需通过"中国国际贸易单一窗口"或"互联网+海关"向海关传输交易、支付、物流等电子信息。

1. 进口商品申报

消费者完成商品选购后,在进口商品申报前,跨境电子商务平台企业或跨境电子商务企业境内代理人、支付企业、物流企业分别通过"中国国际贸易单一窗口"或跨境电子商务通关服务平台向海关传输相关的电子订单、电子运单,以及电子支付信息。进口商品申报时,跨境电子商务企业境内代理人或其委托的报关企业根据"三单"信息向海关申报《申报清单》,如图4-8所示。

图 4-8 "三单"信息申报

2. 海关通关监管

海关依托信息化系统实现"三单"信息与《申报清单》的自动比对。一般情况下,规范、完整的《申报清单》经海关快速审核后放行,实现"秒级通关"。对于部分通过风险模型判定存在风险的,经海关单证审核及商品查验无误后方可放行,具体流程如图4-9所示。

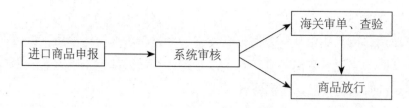

图 4-9　海关通关监管流程

3. 包裹配送签收

经海关监管放行的进口商品，企业在通关口岸可以进行打包装车配送，进口商品的主要通关流程结束。消费者收到进口商品后，完成签收，具体流程如图 4-10 所示。

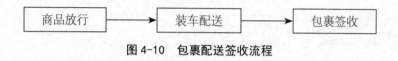

图 4-10　包裹配送签收流程

三、"中国国际贸易单一窗口"和"互联网+海关"跨境电商进口申报

1."中国国际贸易单一窗口"进口申报

登录"中国国际贸易单一窗口"，进入"标准版应用"→"跨境电商"→"进口申报"→"清单申报"，如图 4-11 ~ 图 4-14 所示。

图 4-11　登录"中国国际贸易单一窗口"

图 4-12　进口申报界面（1）

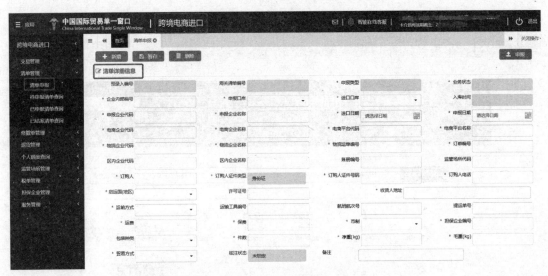

图 4-13　进口申报界面（2）

图 4-14　进口申报界面（3）

2. "互联网+海关"跨境电商进口申报

进入中华人民共和国海关总署官网，登录"互联网+海关"界面，如图 4-15 所示。

图 4-15 登录"互联网 + 海关"界面

接下来,选择"其他"→"跨境电子商务监管"→"跨境电商进口统一版"→"清单管理"进行申报,如图 4-16 ~ 图 4-18 所示。

图 4-16 "跨境电子商务监管"界面

图 4-17 "跨境电商进口统一版"界面

图 4-18 "清单管理"界面

四、通关注意事项

跨境电商零售进口商品整体通关流程通常较为便捷快速，但在通关环节还需注意以下几点。

1. 关注进口商品范围

通过跨境电商渠道申报进口的商品，需符合《跨境电子商务零售进口商品清单》范围，清单范围以外的商品无法通过跨境电商渠道进口。

《跨境电子商务零售进口商品清单》自 2016 年出台以来，先后经过 3 次调整。2022 年 3 月 1 日起正式实施的《跨境电子商务零售进口商品清单》，是由财政部等八部门联合优化调整的，清单商品数达到 1476 个。

调整后的《跨境电子商务零售进口商品清单》，新增了 29 项商品，包括滑雪用具、家用洗碟机、高尔夫球用具、番茄汁等近年来消费需求旺盛的商品。其中，像滑雪屐、滑雪屐扣件等滑雪用具，带动了全民参与冰雪运动，也为国内消费者提供了国外优质的滑雪用具。在新增的热门商品中，还有不少属于热门娱乐产品。

同时，调整后的《跨境电子商务零售进口商品清单》还优化了部分现有商品。比如，根据近年来税目改版和调整，对相关税目进行了技术性调整，涉及冻扇贝、燕窝、橄榄油、羽绒服等进口商品。此外，清单为了履行相关国际公约，加强进口监督管理，调整了 206 项商品备注，涉及黄油、乳酪等。

2. 关注税款担保额度

跨境电商零售进口商品采用"凭保放行"的模式进行监管。如果企业销量短时间内迅速增长，可能会出现企业担保额度不足，造成无法正常向海关申报《申报清单》的情况。

跨境电子商务平台企业、物流企业或申报企业可提前评估担保额度情况，及时向海关提交足额有效的税款担保（依据海关总署2018年第194号公告《关于跨境电子商务零售进出口商品有关监管事宜的公告》第16条）。

3. 关注商品退货时效

跨境电商零售进口商品发生退货的，退货企业应在《申报清单》放行之日起30日内向海关申请，并在《申报清单》放行之日起45日内将退货商品运抵原海关监管作业场所、原海关特殊监管区域或保税物流中心（B型）。物流压力较大时，有办理商品退货需求的企业，需合理安排相关事项的申请及物流配送时间（依据海关总署2020年第45号公告《关于跨境电子商务零售进口商品退货有关监管事宜的公告》第3条）。

4. 关注进口限值要求

跨境电子商务零售进口商品单次交易限值为人民币5000元，年度交易限值为人民币26000元。完税价格超过5000元单次交易限值但低于26000元年度交易限值，且订单下仅一件商品时，可以自跨境电商零售渠道进口，按照货物税率全额征收关税和进口环节增值税、消费税，交易额计入年度交易总额；年度交易总额超过年度交易限值的，应按一般贸易管理。

对于不符合上述跨境电商零售进口限值管理要求的进口商品，将无法通过跨境电商渠道办理通关手续，尤其是超限值的直购进口商品运抵海关监管场所后需作退运处理，会增加企业物流成本。为减少上述情况发生，企业可在销售商品前，提醒消费者提前查看年度交易限值使用情况（依据财关税〔2018〕49号《关于完善跨境电子商务零售进口税收政策的通知》）。

5. 关注促销商品报备

进口商品促销前，跨境电子商务企业应将商品种类、数量、价格、促销时间等向业务所在地海关现场监管部门报备，便于海关及时掌握企业促销情况，有效实施监管。

第四节 跨境电商出口通关

一、跨境电商B2B出口通关

跨境电商B2B出口是指境内企业通过跨境物流将货物运送至境外企业或海外仓，并通过跨境电商平台完成交易的贸易形式。

1. 通关模式

跨境电商 B2B 出口分为两种业务模式，企业可根据自身业务类型，选择相应方式向海关申报，如图 4-19 所示。

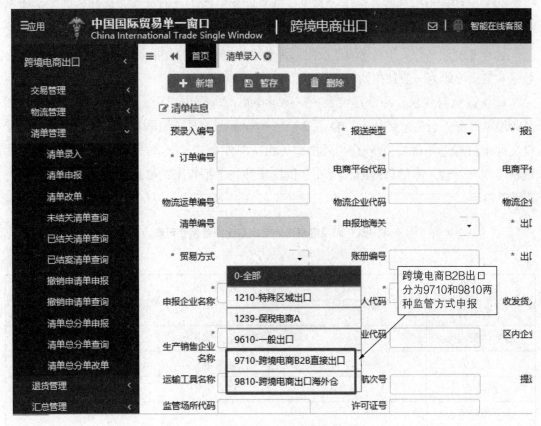

图 4-19　跨境电商 B2B 出口海关监管方式

（1）跨境电商 B2B 直接出口。这一模式适用于境内企业通过跨境电商平台与境外企业达成交易后，通过跨境物流将货物直接出口至境外企业，并向海关传输相关电子数据，采用"9710"监管方式。

（2）跨境电商 B2B 出口海外仓。这一模式适用于境内企业通过跨境物流将货物出口至海外仓，通过跨境电商平台实现交易后从海外仓送达境外购买者，并向海关传输相关电子数据，采用"9810"监管方式。

2. 对企业资质的要求

（1）办理企业注册登记。跨境电商企业、受跨境电商企业委托的代理报关企业、跨境电商平台企业（包括自营平台、第三方平台、境内平台、境外平台）、物流企业等参与跨境电商 B2B 出口业务的境内企业，应当依据海关报关单位注册登记有关规定在海关办理企业注册登记，并在跨境电商企业类型中勾选相应的企业类型。

已办理企业注册登记未勾选企业类型的，可在"中国国际贸易单一窗口"提交注册信息变更申请。通过"跨境电商出口统一版"系统申报清单的，物流企业还应获得国家邮政管理部门颁发的快递业务经营许可证。

（2）办理出口海外仓业务模式备案。开展跨境电商出口海外仓业务的企业，还应当在海关办理出口海外仓业务模式备案，具体如下。

①企业资质条件。开展跨境电商出口海外仓业务的境内企业应在海关办理注册登记，且企业信用等级为一般信用及以上。

②备案资料要求。两个登记表——跨境电商海外仓出口企业备案登记表（表 4-1）及跨境电商海外仓信息登记表（表 4-2），一仓一表；海外仓证明材料，包括海外仓所有权文件（自有海外仓）、海外仓租赁协议（租赁海外仓）、其他可证明海外仓使用的相关资料（如海外仓入库信息截图、海外仓货物境外线上销售相关信息）等；其他海关认为需要的材料。

表 4-1　跨境电商海外仓出口企业备案登记表

编号：

企业名称		申请时间	
主管海关			
海关注册编码		统一社会信用代码	
企业法人		通信地址	
联系人		联系电话	
线上销售平台			
主要海外仓名称	1. 2. 3.		
海外仓说明及随附资料		申请人签名	年　月　日
其他说明			
审核意见：			年　月　日
备注：			年　月　日

表 4-2　跨境电商海外仓信息登记表

企业名称		海关注册编码	
海外仓名称		面积（平方米）	
所在国家		所在城市	
海外仓地址		仓库性质	
线上销售平台			
备注			

完成出口海外仓模式备案的企业，可在全国范围开展跨境电商出口海外仓模式业务。参与跨境电商 B2B 出口业务并在海关备案的企业，纳入海关信用管理，海关根据信用等级实施差别化的管理措施。

3. 跨境电商 B2B 出口企业申报流程

跨境电商 B2B 出口企业申报流程如图 4-20 所示。

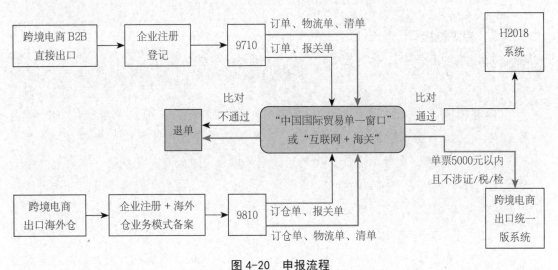

图 4-20　申报流程

对于单票金额超过人民币 5000 元，或涉证、涉检、涉税的跨境电商 B2B 出口货物，企业应通过 H2018 通关管理系统办理通关手续；对于单票金额在人民币 5000 元（含）以内，且不涉证、不涉检、不涉税的，企业可以通过 H2018 通关管理系统或跨境电商出口统一版系统办理通关手续。

企业通过"中国国际贸易单一窗口"标准版或"互联网＋海关"的跨境电商通关服务系统和货物申报系统向海关提交申报数据、传输电子信息，并对数据真实性承担相应法律责任。

其中，跨境电商B2B出口有关电子信息报文，沿用跨境服务系统现有的B2C接入通道模式，新增支持B2B出口报关单报文导入；货物申报系统支持B2B出口报关单按现有模式录入和导入。

H2018通关管理系统与跨境电商出口统一版系统通关的对比如表4-3所示。

表4-3 H2018通关管理系统与跨境电商出口统一版系统通关的对比

项目	H2018通关管理系统	跨境电商出口统一版系统
电子信息传输	跨境电商B2B直接出口申报前，跨境电商企业或跨境电商平台企业应向海关传输交易订单信息；跨境电商出口海外仓申报前，跨境电商企业应向海关传输海外仓订仓信息	跨境电商B2B直接出口货物申报前，跨境电商企业、物流企业应分别向海关传输交易订单、物流信息；跨境电商出口海外仓货物申报前，跨境电商企业、物流企业应分别向海关传输海外仓订仓信息、物流信息
报关单申报/清单申报	跨境电商企业或其代理人向海关申报报关单，系统对企业资质及申报内容进行校验，通过的向H2018申报报关单	跨境电商企业或其代理人向海关申报清单，系统对企业资质及申报内容进行校验，通过的向出口统一版申报清单，清单无需汇总报关单

 相关链接

三单对碰

"三单对碰"，也称"三单比对"，是海关总署的明确要求。海关总署早在2014年第12号、2014年第57号公告中就提出，开展跨境电商进口业务的企业应当按照规定向海关传输交易、支付、仓储和物流等数据。由海关校验每一笔交易订单信息和消费者信息的真实性，促进跨境电商合规化发展。生活中，在电商平台进行海外购时需要提供身份证等相关信息，就是为了保证信息的真实性。

1. "三单"指的是什么

"三单"是指订单、支付单和物流单，也就是相对应的交易信息、支付信息和物流信息。这"三单"是由不同类型主体的企业推送的。其中电商企业推送电子订单数据，即订单；支付企业推送支付单数据，即支付单；仓储物流服务商推送运单数据，即物流单。

2. "三单"含有哪些信息

"三单"中包含重要的信息。订单信息包括订购人信息、订单号、支付单号、物流单号及商品信息等；支付单信息包括支付人信息、支付金额、订单号、支付单号等；物流单信息包括分物流单号、订单号、商品信息、收货人信息等。

3. "三单对碰"流程是什么

"三单对碰"的过程其实也比较简单。仓储物流服务商把订单的清单推送给海关，海关将收到的"三单"(订单、支付单、物流单)中的订购人信息、收件人信息、商品及价格信息和清单中的订购人信息、收件人信息、商品及价格信息进行数据校验比对。海关根据反馈结果,发送相应的申报回执。如果申报失败,海关会反馈对应的错误代码信息回执;按照回执,企业可以重新申报或进行退单处理。

4. 向海关传输交易、支付、物流等电子信息

跨境电商企业需通过"中国国际贸易单一窗口"或"互联网+海关"向海关传输交易、支付、物流等电子信息。

(1)登录"中国国际贸易单一窗口",进入"标准版应用"→"跨境电商"→"出口申报"→"清单管理",分别在"清单录入"和"清单申报"界面填写相应信息,进行申报,如图4-21~图4-24所示。

图4-21 "出口申报"界面

图4-22 "中国国际贸易单一窗口"的"清单录入"界面(1)

图4-23 "中国国际贸易单一窗口"的"清单录入"界面（2）

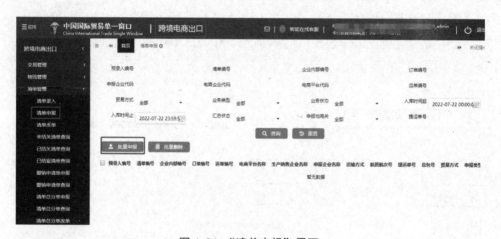

图4-24 "清单申报"界面

（2）进入中华人民共和国海关总署官网，登录"互联网+海关"界面，选择"其他"→"跨境电子商务监管"→"跨境电商出口统一版"→"跨境电商出口"（图4-25）→"清单管理"→"清单录入"（图4-26、图4-27）界面，进行申报。

图4-25 "跨境电商出口"界面

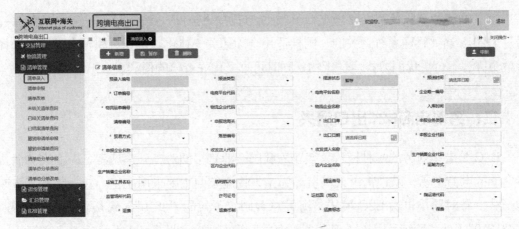

图 4-26 "互联网+海关"的"清单录入"界面(1)

图 4-27 "互联网+海关"的"清单录入"界面(2)

5. 企业可享受的通关便利

（1）报关全程信息化。企业通过"中国国际贸易单一窗口"或"互联网+海关"网上传输交易订单、海外仓订仓单等电子信息，且全部以标准报文格式自动导入，报关单和申报清单均采用无纸化，简化企业申报手续。

（2）新增便捷申报通道。对单票金额在人民币5000元(含)以内，且不涉证、不涉检、不涉税的货物，可通过跨境电商出口统一版系统以申报清单的方式进行通关，申报要素比报关单减少54项，清单无需汇总报关单，让中小微出口企业申报更为便捷、通关成本进一步降低。

（3）综试区简化申报。参照综试区所在地海关开展跨境电商零售出口简化申报的做法，在综试区所在地海关申报符合条件的"9710""9810"清单，可申请按照6位HS[1]编码简化申报。

---

[1] HS指《商品名称及编码协调制度公约》。

（4）物流和查验便利。跨境电商 B2B 出口货物可按照"跨境电商"类型办理转关，通过 H2018 通关管理系统通关的，同样适用全国通关一体化。企业可根据自身实际选择时效更强、组合更优的方式运送货物，同时可享受优先查验的便利。

二、跨境电商B2C出口通关

B2C 是电子商务的一种模式，代表着我国企业直接面对国外消费者，即商家和消费者之间的电商交易，以销售个人消费品为主，物流方面主要采用航空小包、邮寄、快递等形式。针对跨境电商 B2C 模式，海关总署制定了代码"9610"（跨境贸易电子商务）和"1210"（保税跨境贸易电子商务）的海关监管方式，如图 4-28 所示。

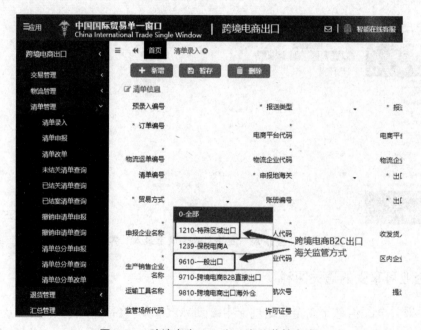

图 4-28　跨境电商 B2C 出口海关监管方式

1. 9610

2014 年，海关总署发布第 12 号公告，增列代码"9610"海关监管方式。"9610"全称"跨境贸易电子商务"，俗称"集货模式"，即 B2C 出口。该模式能够化整为零，灵活便捷地满足境外消费者需求，具有链路短、成本低、限制少的特点。该监管方式适用于境内个人或电子商务企业通过电子商务交易平台实现交易，并采用"清单核放、汇总申报"模式办理通关手续的电子商务零售进出口商品。"9610"出口就是境内企业将货物直邮到境外消费者手中。

2. 1210

2014 年，海关总署发布第 57 号公告，增列代码"1210"海关监管方式。"1210"全称"保税跨境贸易电子商务",简称"保税电商"。该监管方式适用于境内个人或电子商务企业在经海关认可的电子商务平台实现跨境交易,并通过海关特殊监管区域或保税监管场所进出的电子商务零售进出境商品。"1210"相当于境内企业把生产出的货物存放在海关特殊监管区域或保税监管场的仓库中,即可申请出口退税,之后按照订单由仓库发往境外消费者。

第五节 税务处理

一、跨境进口电商税务处理

跨境进口电商相关主体的税务处理如下。

1. 电商平台

跨境电商平台要完善平台交易规则,建立消费者纠纷处理和维权自律制度,建立商品质量防控机制,建立知识产权保护机制,防止虚假交易、备案信息缺陷和二次销售等;自觉维护线上经济竞争秩序,杜绝刷单、刷评、炒信等失信造假行为。

跨境电商平台如涉嫌走私或违反海关规定,由海关依法处理;构成犯罪的,依法追究刑事责任。

2. 境内消费者

继2020年跨境电商零售进口试点扩大至86个城市及海南全岛之后,跨境电商零售进口试点再次扩围。2021年3月26日,商务部、发展改革委、财政部、海关总署、税务总局、市场监管总局联合发布的《关于扩大跨境电商零售进口试点严格落实监管要求的通知》(商财发〔2021〕39号)明确,将跨境电商零售进口试点、扩大至所有自贸试验区、跨境电商综试区、综合保税区、进口贸易促进创新示范区、保税物流中心(B型)所在城市(及区域)。今后相关城市(区域)经所在地海关确认符合监管要求后,即可按照《商务部 发展改革委 财政部 海关总署 税务总局 市场监管总局关于完善跨境电子商务零售进口监管有关工作的通知》(商财发〔2018〕486号)要求,开展网购保税进口(海关监管方式代码"1210")业务。

也就是说,国内消费者通过跨境电商平台订购境外电商企业以"1210"监管模式进口至上述试点城市(区域)的正面清单内的商品,均可以享受《财政部 海关总署 税务总局关于完善跨境电子商务零售进口税收政策的通知》(财关税〔2018〕49号)规定的进口商品税收优惠政策。

（1）在限值以内的跨境电子商务零售进口商品，关税税率暂设为0%。

（2）进口环节增值税、消费税取消免征税额，暂按法定应纳税额的70%征收。

（3）消费者超过单次限值5000元、累加后超过个人年度限值的单次交易26000元，以及完税价格超过5000元限值的单个不可分割商品，则按跨境电商方式监管，以一般贸易方式全额征税。

3. 境外商家

境外商家不适用于我国境内税法的相关规定。

4. 其他服务提供商

为境外电商企业服务的其他国内注册的商业主体，包括物流企业、支付企业、监管场所运营企业等，在进口方面暂时并没有特殊的税收优惠政策，均按照国内税收优惠政策执行。如属于小规模企业发生增值税应税销售行为，合计月销售额未超过15万元，季度销售额未超过45万元的，免征增值税。适用增值税差额征税政策，以差额后的销售额确定是否享受免税政策。

其他服务商应通过海关联网的电子商务交易平台实现交易、支付、物流电子信息"三单"比对，保证入境商品的合规性。

二、跨境出口电商税务处理

跨境出口电商相关主体的税务处理如下。

1. 电商平台

根据电商平台性质的不同、提供服务的差异，电商平台通常涉及下列收入。

（1）平台服务费。跨境出口电商平台一般会收取刊登费（如eBay）、平台月租费（如亚马逊）、技术服务费（如速卖通）等，均需按"信息技术服务—信息系统增值服务"计算缴纳增值税。值得一提的是阿里巴巴的速卖通，自2016年1月开始，对所有平台按照所属行业，分别收取技术服务费，收取的服务费将按不同的行业以不同的年销售总额来进行返还，对此，速卖通在收到技术服务费时缴纳增值税，当根据销售业绩返还一定比例服务费时，按照《财政部税务总局关于全面推开营业税改征增值税试点的通知》（财税〔2016〕36号）规定的销售折扣折让处理，开具增值税红字发票冲减销售收入、增值税销项税额。

（2）成交手续费。跨境出口电商平台会根据各自的业务规则收取不同比例的成交手续费，例如亚马逊根据不同行业收取不同比例的佣金（表4-4），需按"商务辅助服务—

经纪代理服务"缴纳增值税。

表 4-4 亚马逊佣金收取比例

商品分类	佣金比例
金条、银条	5%
手机通信、数码、数码配件、电脑、办公用品、大家电、个护健康、美容化妆、食品	8%
图书、音乐、服装鞋靴、箱包配饰、运动户外休闲、家居（床上用品、卫浴、厨具、家居装修、园艺、工具）、小家电、玩具、母婴、酒类、乐器、汽车用品、其他	10%
宠物用品、钟表	12%
珠宝首饰	15%

（3）其他。需要注意的是，境内商家入驻境外的跨境电商平台出口商品，例如入驻 Wish 平台，平台向境内的单位或个人收取的服务费，属于财税〔2016〕36 号文件第十三条规定的境外单位或者个人向境内单位或者个人销售完全在境外发生的服务，不征增值税。

2. 境内商家

在出口方面，对于电子商务出口企业出口的货物，除财政部、税务总局明确不予出口退（免）税的货物外，符合相关条件的，适用增值税、消费税退（免）税政策；对综试区内符合相关条件的电子商务出口企业，因出口未取得合法有效进货凭证的货物，实行增值税免税政策；对综试区内核定征收的跨境电商企业，统一采用核定应税所得率方式核定征收企业所得税等。

2019 年 7 月 3 日，国务院常务会议指出将再增加一批试点城市，要求落实对跨境电商零售出口的"无票免税"政策，出台更加便利企业的所得税核定征收办法。

根据《财政部 税务总局 商务部 海关总署关于跨境电子商务综合试验区零售出口货物税收政策的通知》（财税〔2018〕103 号），对跨境电商综试区出口企业出口未取得有效进货凭证的货物，同时符合一定条件的，试行增值税、消费税免税政策，即"无票免税"政策。

"无票免税"政策简单来说就是从事跨境电子商务的企业在未取得增值税专用发票的情况下，只要同时满足财税〔2018〕103 号规定的条件，即可享受税务上的免税政策，具体如图 4-29 所示。

条件一	电子商务出口企业在综试区注册，并在注册地跨境电子商务线上综合服务平台登记出口日期、货物名称、计量单位、数量、单价、金额
条件二	出口货物通过综试区所在地海关办理电子商务出口申报手续
条件三	出口货物不属于财政部和税务总局根据国务院决定明确取消出口退（免）税的货物

图 4-29　跨境电商"无票免税"政策条件

跨境电商零售进口商品在计算缴纳关税和进口环节增值税、消费税时，以实际交易价格（包括商品零售价格、运费和保险费）作为完税价格。企业如果推出打折优惠，应按照实际交易价格原则，以订单价格为基础，确认完税价格，订单价格原则上不得为 0。对在订单支付中使用电商代金券、优惠券和积分等虚拟货币形式支付的"优惠减免金额"，不应在完税价格中扣除。同时，海关对于跨境电商零售进口商品的运保费也有明确的规定，跨境电商企业务必要注意按照规定确认运保费。

> **小提示**
>
> 　　消费者已经购买的电商进口商品，属于其个人使用的最终商品，不得进入国内市场再次销售；原则上不允许网购保税进口商品在海关特殊监管区域外开展"网购保税+线下自提"模式。

3. 境外消费者

境外消费者不适用于我国境内税法的相关规定。

4. 其他服务提供商

同"一、跨境进口电商税务处理""4.其他服务提供商"部分。

第六节　出口退税

为了促进跨境电商的健康快速发展，财政部、税务总局于 2013 年就联合下发《关于跨境电子商务零售出口税收政策的通知》，开始实施跨境电商出口退税政策，一些地方政府也出台了加快出口退税实施的相关办法。

跨境电商出口企业零售出口货物，单证齐全符合退税条件的，可按现行规定申报出口退税。这对于跨境电商出口卖家来说，可以降低经营成本，增加利润。

一、什么是出口退税

出口退税是指对出口货物退还其在国内生产和流通环节实际缴纳的增值税和特别消费税。目前，跨境电商出口企业大都只是涉及退还增值税。也就是说，国家能够在出口环节免除卖家的增值税，还将退回卖家在国内采购过程中交给供货商的那些增值税。

适用出口退税、免税的跨境电商企业，是指自建跨境电商销售平台或利用第三方跨境电商平台开展电商出口的单位和个体工商户，不包括为电商出口企业提供交易服务的跨境电子商务第三方平台。

二、出口退税对跨境电商的影响

出口退税是世界各国普遍采取的一项促进出口的措施，出口退税政策的实施对企业和国家都有着重大的影响。出口退税政策对于跨境电商企业有着非常重要的作用，主要包括以下两点。

1. 出口退税政策是跨境电商出口商品结构调整的重要参考

为了引导对外贸易的持续健康发展，国家对不同种类的商品会制定高低不同的退税率，从而导致出口企业出口不同种类的商品所获得的退税收益不同。因此，国家出口退税政策是企业及时调整出口商品结构，获得较高出口效益的重要参考。

2. 能否顺利退税直接关系到企业的生存和发展

在跨境电商企业中，有相当部分是民营中小企业，在外部需求疲弱、市场竞争激烈、内部成本上升的背景下，部分民营中小跨境电商企业经营利润微薄，甚至处于亏本经营状态。此时，能否及时获得相应的退税款，直接关系到跨境电商出口企业的发展，甚至是生死存亡。

合理运用出口退税，能够有效降低企业运营成本，提高商品毛利。一般情况下，跨境电商的退税率都在11%～17%。因此，出口退税的账务处理是跨境电商会计人员一项十分重要的日常工作。

三、跨境电商出口退税的报关监管模式

目前，适用于跨境电商出口退税的报关监管模式有以下几种。

1."0110"模式——一般贸易模式

"0110"模式是指我国境内有进出口经营权的企业进行单边进口或单边出口的贸易，

企业需要随附委托书、合同、发票、提单、装箱单等单证。该监管方式适用于境内企业与境外企业通过传统贸易方式达成交易，也是目前最常用、最普遍、最适用的模式。

"0110"模式是传统B2B外贸的常用报关模式。在运用到跨境电商时，可利用境外公司，把B2C模式的跨境电商业务，在报关程序上变成B2B2C模式（此处，第1个"B"为我国境内出口公司；第2个"B"为境外公司；"C"为亚马逊、阿里国际、独立站等销售平台终端客户），如图4-30所示。

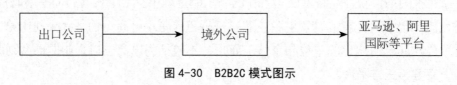

图4-30　B2B2C模式图示

2. "1210"模式——保税备货模式

2014年7月，海关总署公告发文（2014年第57号）增列海关监管方式代码"1210"，全称"保税跨境贸易电子商务"，简称"保税电商"。

以"1210"海关监管方式开展跨境贸易电子商务零售进出口业务的电子商务企业，海关特殊监管区域或保税监管场所内跨境贸易电子商务经营企业、支付企业和物流企业应当按照规定向海关备案，并通过电子商务平台实时传送交易、支付、仓储和物流等数据。

货物先进入保税仓，以"卖多少，发多少，清关多少"为原则，月底汇总生成报关单，以此报关单结汇及申请退税。

未出口的商品不可出保税中心，但也无需报关，卖不掉的还可直接退回。

在实操应用层面，"1210"模式更多用于跨境电商进口，如图4-31所示。

图4-31　"1210"模式图示

3. "9610"模式——集货报关模式

由于跨境电商跟传统外贸有很大不同，国家2014年出台了"9610"政策。"9610"政策是一种通关模式，全称"跨境贸易电子商务"，简称"电子商务"，俗称"集货模式"，也就是我们常说的B2C出口。"9610"模式下，海关只需对跨境电商企业事先报送的出口商品清单进行审核，审核通过后就可以办理实货放行手续，这不仅让企业通关效率更高，而且也降低了通关成本。

(1)"9610"模式的核心。"9610"模式采用"清单核放、汇总申报"的方式,由跨境企业将数据推送给税务、外汇管理部门,实现退税,如图4-32所示。

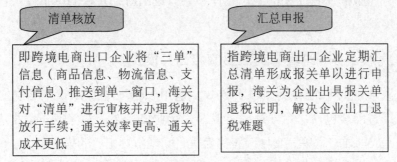

图4-32 "清单核放、汇总申报"的方式

(2)"9610"模式下的清关流程,如图4-33所示。

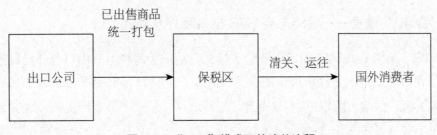

图4-33 "9610"模式下的清关流程

采用"9610"模式时,需要注意以下事项。

①通过"9610"的方式来退税,要走快递、专线的渠道。如果走的是邮政代理,一般是没法退税的。

②跨境卖家要在21天内,整理前20天出口的商品清单,把清单出具给海关。让海关出具相关证明后,去办理出口退税。

4."1039"模式——市场采购模式

市场采购(1039)贸易方式,是指专门针对市场多品种、小批量、多批次的交易方式,由符合条件的经营者在经认定的市场集聚区内采购、单票报关单货值不超过15万美元,并在指定口岸办理出口商品通关手续的贸易方式。为小商品便捷出口国际市场提供了一条合法通道,是我国国际贸易体制改革的一个创新(国家禁止、限制出口及零出口退税的商品不适用市场采购贸易方式)。

商务部等八部委对从事市场采购贸易的经营主体作了严格的规定。通过划定市场集聚区和建立专门的市场采购贸易联网信息平台,各类外贸经营主体均需在市场采购贸易联网信息平台登记备案，简称"一划定二联网三备案"。

对市场采购贸易方式出口的货物执行增值税免征的优惠政策，海关等口岸部门对其实行按大类方式申报的便利通关措施，允许不具有进出口经营权的供货商户直接收汇、结汇。

5. "9710"模式——跨境电商B2B直接出口模式

"9710"（跨境电商B2B直接出口）模式，适用于跨境电商B2B直接出口的货物，是指国内企业通过跨境电商平台开展线上商品、企业信息展示并与国外企业建立联系，在线上或线下完成沟通、下单、支付、履约流程，实现货物出口的模式。

选择"9710"模式的企业申报前需上传交易平台生成的在线订单截图等交易电子信息，并填写收货人名称、货物名称、件数、毛重等在线订单的关键信息。提供物流服务的企业应上传物流电子信息。代理报关企业应填报货物对应的委托企业工商信息。在交易平台内完成在线支付的订单可选择加传其收款信息。

6. "9810"模式——跨境电商B2B出口海外仓模式

"9810"（跨境电商B2B出口海外仓）模式，适用于跨境电商出口海外仓的货物，是指境内企业将出口货物通过跨境物流送达海外仓，通过跨境电商平台实现交易后从海外仓送达购买者。目前，跨境电商B2B出口监管试点，已推广至全国海关。通关无纸化出口放行通知书示例如图4-34所示。

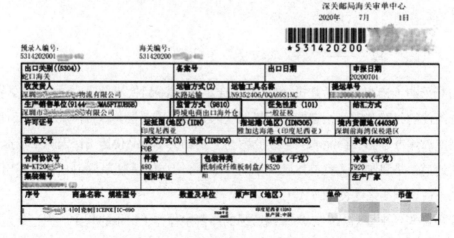

图4-34　通关无纸化出口放行通知书示例

2020年7月1日，首票"9810"出口货物在深圳邮局海关完成订单和报关单申报。跨境电商B2B出口海外仓监管试点关区，如表4-5所示。

表4-5 跨境电商B2B出口海外仓监管试点海关

实施时间	试点海关	政策依据
2020年7月1日	北京海关、天津海关、南京海关、杭州海关、宁波海关、厦门海关、郑州海关、广州海关、深圳海关、黄埔海关	海关总署公告2020年第75号《关于开展跨境电子商务企业对企业出口监管试点的公告》
2020年9月1日	在现有试点海关基础上，增加上海、福州、青岛、济南、武汉、长沙、拱北、湛江、南宁、重庆、成都、西安等12个直属海关	海关总署公告2020年第92号《关于扩大跨境电子商务企业对企业出口监管试点范围的公告》
2021年7月1日	在现有试点海关基础上，在全国海关复制推广	海关总署公告2021年第47号《关于在全国海关复制推广跨境电子商务企业对企业出口监管试点的公告》

四、跨境电商出口退税的条件

2013年12月30日，财政部、国家税务总局发布了《关于跨境电子商务零售出口税收政策的通知》（财税〔2013〕96号），对跨境电子商务零售出口退免税政策作出相关规定。

1.适用增值税、消费税退（免）税政策的条件

电子商务出口企业出口货物［财政部、国家税务总局明确不予出口退（免）税或免税的货物除外］，同时符合下列条件的，适用增值税、消费税退（免）税政策。

（1）电子商务出口企业属于增值税一般纳税人并已向主管税务机关办理出口退（免）税资格认定。

（2）出口货物取得海关出口货物报关单（出口退税专用），且与海关出口货物报关单电子信息一致。

（3）出口货物在退（免）税申报期截止之日内收汇。

（4）电子商务出口企业属于外贸企业的，购进出口货物取得相应的增值税专用发票、消费税专用缴款书（分割单）或海关进口增值税、消费税专用缴款书，且上述凭证有关内容与出口货物报关单（出口退税专用）有关内容相匹配。

2.适用增值税、消费税免税政策的条件

电子商务出口企业出口货物，不符合上述规定条件，但同时符合下列条件的，适用

增值税、消费税免税政策。

（1）电子商务出口企业已办理税务登记。

（2）出口货物取得海关签发的出口货物报关单。

（3）购进出口货物取得合法有效的进货凭证。

五、跨境电商出口退税的申报

符合条件的跨境电子商务企业应在办理出口退税备案后，再办理出口退税申报业务。出口企业可以登录企业所在地的国家税务总局电子税务局、中国（某地）跨境电子商务综合试验区线上综合服务平台，或者中国国际贸易单一窗口办理出口退税业务。

1. 电子税务局退税流程

以在国家税务总局浙江省电子税务局平台办理出口退税业务为例。

（1）生产企业退税流程。登录浙江省电子税务局→我要办税→出口退税管理→进入便捷退税（需要插入税控盘）→退税申报→生产企业免抵退税申报→所属期→电子口岸报关数据导入→报关单数据校验确认→出口货物明细申报表→增值税纳税申报数据→免抵退税申报汇总表（免抵退税申报汇总表附表／免抵退税申报资料情况表自动生成）→数据校验→申报自检→正式申报。

（2）外贸企业退税流程。登录浙江省电子税务局→我要办税→出口退税管理→进入便捷退税（需要插入税控盘）→退税申报→所属期→外贸企业免退税申报→电子口岸报关数据导入→智能配单（外贸企业出口退税进货明细申报表／外贸企业出口退税出口明细申报表自动生成）→汇总申报表→数据校验→申报自检→正式申报。

2. 中国国际贸易单一窗口退税流程

登录中国国际贸易单一窗口，进入"标准版应用"界面，选择"出口退税"中的"出口退税（外贸版）"或"出口退税（生产版）"，办理出口退税业务，如图4-35～图4-37所示。

图4-35 "标准版应用"界面

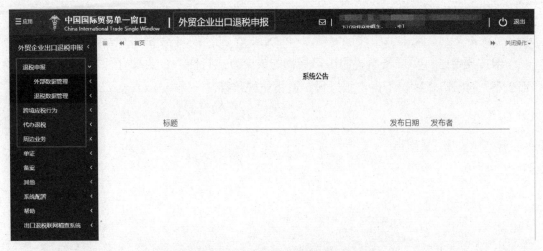

图4-36 "外贸企业出口退税申报"界面

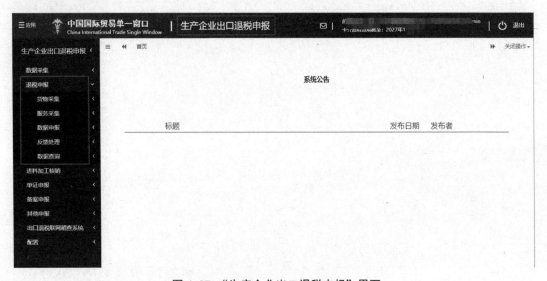

图4-37 "生产企业出口退税申报"界面

六、跨境电商出口退税的单证备案

办理出口退税的跨境电商企业需要进行单证备案。跨境电商出口企业应在申报出口退税后15日内,将所申报退税货物的下列单证,按申报退税的出口货物顺序,填写"出口货物备案单证目录",注明备案单证存放地点,以备主管税务机关核查。

(1) 外贸企业购货合同、生产企业收购非自产货物出口的购货合同,包括一笔购销合同下签订的补充合同等。

(2) 出口货物装货单。

(3) 出口货物运输单据(包括海运提单、航空运单、铁路运单、货物承运单据、邮政收据等承运人出具的货物单据,以及出口企业承付运费的国内运输单证)。

若有无法取得上述原始单证情况的，出口企业可用具有相似内容或作用的其他单证进行单证备案。备案单证由跨境电商出口企业存放和保管，不得擅自损毁，保存期为5年。

未按规定进行单证备案（因出口货物的成交方式特性，企业没有有关备案单证的情况除外）的出口货物，不得申报退税，适用免税政策。

第五章
跨境电商支付

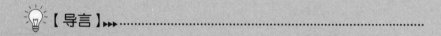
【导言】

　　跨境电商支付是指在跨境电商交易中，商品买方将约定货币种类和数量跨境支付给商品卖方的行为。在跨境电商中，跨境支付是一个非常重要的环节，影响着跨境电商的核心利益。

第一节　跨境电商支付概述

一、跨境电商常见支付类型

目前，跨境电商支付有两大类：一是银行间直接支付，适用于大金额交易，如 B2B 大金额交易；二是通过第三方支付机构通道支付，适用于小金额交易，常用于 B2C 交易。

1. 银行间直接支付

银行间直接支付是指跨境电商平台与跨境买卖双方开设账户的商业银行直连，通过平台对接的银行入口进行支付结算，这种模式与最传统的外贸企业收款模式并无本质区别，银行间系统直连能够从根本上保障支付数据的安全，具体流程如图 5-1 所示。

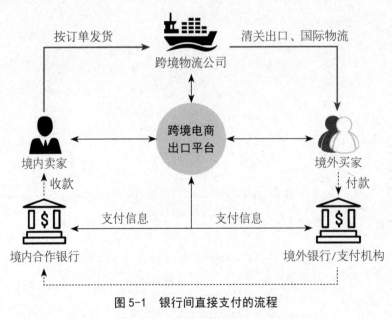

图 5-1　银行间直接支付的流程

注：------→ 资金流，←→ 信息流，——→ 货物流。

就跨境电商出口收款而言，银行间支付可细分为境外银行外币账户收款、境内银行经常项目外币账户收款、跨境人民币账户收款。

（1）境外银行外币账户收款。境内卖家可视自身情况，在境外开立外币账户直接收取外币，此种方式的优劣势如图 5-2 所示。

可以直接将外币留存于境外进行使用,避免了一定的资金汇兑风险

（1）相比国内账户,境内卖家在境外开立账户的手续相对烦琐,如在境外注册公司并向外汇管理部门提交申请进行审批
（2）直接收取的外币货款若为了汇回境内使用,境内卖家要受到外汇管理局的监管;即使留存境外的外币款项不受国内外汇管理部门的管制,仍可能存在境外政策变动以及境外法院司法执行导致的境外账户资金被冻结、划扣等风险,出现损失时,境内的政策及司法保护难以顾及

图 5-2　境外银行外币账户收款方式的优劣势

境外银行外币账户收款方式更加适合交易资金量已成一定规模、境内外运作较为成熟的大型跨境出口电商。

（2）境内银行经常项目外币账户收款。境内卖家可根据自身经营情况,在境内银行开立单位或个人外汇账户,此种方式的优劣势如图 5-3 所示。

设立账户手续相比设立境外银行账户更为简便

境内银行账户将受到严格的外汇监管限制,如纳入外汇核销管理,需要提供外汇核销单,跨境结算资金需进入待核查账户

图 5-3　境内银行经常项目外币账户收款方式的优劣势

境内银行经常项目外币账户收款方式适用范围最为广泛,资金安全有保障,便于中小企业或个人开展跨境电商业务。

> **小提示**
>
> 开立个人外汇账户,个人结汇和购汇的年度总额分别有等值 5 万美元的限制。

（3）跨境人民币账户收款。通过设立此类账户,可进行境内外银行间直接的人民币结算业务,无需纳入外汇核销管理,跨境结算的人民币无需进入待核查账户,境内卖家与境外买家以人民币为交易币种订立订单,以人民币价格进行报关。此种方式将推动人民币国际化,避免汇率波动风险。

2. 通过第三方支付机构通道收款

第三方支付机构在跨境电商零售进出口业务模式中是指根据中国人民银行《非金融

机构支付服务管理办法》的规定取得支付业务许可证，在收付款人之间作为中介机构提供全部或部分货币资金转移服务的非银行机构，如支付宝、微信支付等。

这种模式背后的资金流和信息流颇为复杂，简而言之，即第三方支付机构在对应的银行有一个专用的备付金账户，境外买家付款后，货款先到达第三方支付机构的上述专用备付金账户，买家确认收货之后第三方支付机构再从备付金账户里打款给境内卖家的账户，如阿里巴巴开发的速卖通平台上绑定了第三方支付机构——国际支付宝，其流程如图5-4所示。

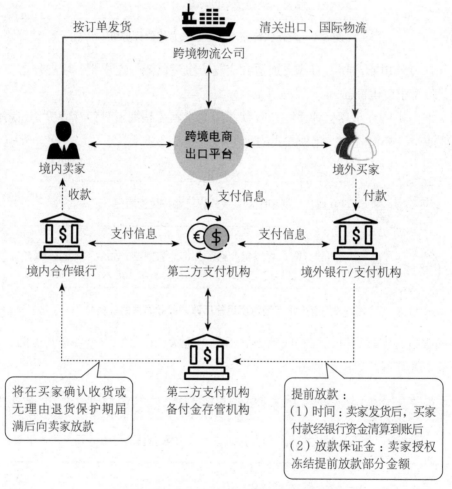

图5-4　通过第三方支付机构通道收款的流程

注：-----▶资金流，◀——▶信息流，——▶货物流。

第三方支付机构解决跨境电商平台单独对接各银行的难题，降低了平台开发成本以及平台使用费，为用户提供了更加友好的跨境支付操作界面，而且可以在买家和卖家的交易中发挥货款监管的作用，因此第三方支付机构通道是目前跨境电商出口平台上大多数境内卖家使用的收款模式。

二、跨境电商常见支付方式

随着跨境消费需求的不断提升和相关政策的不断完善，跨境支付迎来快速发展，可供用户选择的支付方式更多了。那么，跨境电商支付方式有哪些呢？下面列举跨境电商常见的支付方式。

1. PayPal

PayPal 于 1998 年 12 月由 Peter Thiel 及 Max Levchin 建立，是一个总部在美国加利福尼亚州圣何塞市的在线支付服务商。PayPal 是备受全球亿万用户追捧的国际贸易支付工具，即时支付，即时到账，全中文操作界面，能通过中国的本地银行轻松提现，解决外贸收款难题。

PayPal 适用范围：跨境电商零售行业，几十到几百美金的小额交易更划算。

2. 派安盈（Payoneer）

Payoneer，俗称 P 卡，成立于 2005 年，是一家总部位于纽约的在线支付公司，主要业务是帮助其合作伙伴将资金下发到全球，其同时也为全球客户提供美国银行/欧洲银行收款账户，用于接收欧美电商平台和企业的贸易款项。Payoneer 针对用户需求提供个人、企业类型账户。账户一旦审核通过，就可以收款并提款至本地银行。

Payoneer 支持全球 210 个国家的当地银行转账，可在全球任何接受 MasterCard 的刷卡机（POS）刷卡，也可在线购物和在自动提款机上（ATM）取当地货币。

Payoneer 适用范围：单笔资金额度小，但是客户群分布广的跨境电商网站或卖家。

3. 信用卡

跨境电商网站可通过与 Visa、MasterCard 等国际信用卡组织合作，或直接与海外银行合作，开通接收海外银行信用卡支付的端口。

目前国际上五大信用卡品牌为 Visa、MasterCard、America Express、JCB、Diners Club，其中前两个为大家广泛使用。

信用卡适用范围：从事跨境电商零售的平台和独立 B2C 企业。

4. 电汇

电汇是付款人将一定款项交存汇款银行，汇款银行通过电报或电传给目的地的分行或代理行（汇入行），指示汇入行向收款人支付一定金额的一种交款方式。电汇是传统的B2B付款模式，适合大额的交易付款。

5. 速汇金业务（MoneyGram）

速汇金业务，是一种个人间的环球快速汇款业务，可在十余分钟内完成由汇款人到收款人的汇款过程，具有快捷便利的特点。收款人凭汇款人提供的编号即可收款。

6. Moneybookers

Moneybookers是一家极具竞争力的网络电子银行，它诞生于2002年4月，是英国伦敦Gatcombe Park风险投资公司的子公司之一。2003年2月5日，Moneybookers成为世界上第一家被英国政府官方所认可的电子银行，还是英国电子货币协会（EMA）的14个成员之一。Moneybookers电子银行里的外汇是可以转到我们国内银行账户里的。

7. WebMoney（WM）

WebMoney是由成立于1998年的WebMoney Transfer Techology公司开发的一种在线电子商务支付系统，截至2012年9月份，其注册用户已接近1900万人，其支付系统可以在包括中国在内的全球70个国家使用。目前WebMoney支持中国银联卡取款，但手续费很高，流程很复杂，所以充值和提现一般通过第三方网站来进行。

8. ClickandBuy

ClickandBuy是一家美国的独立第三方支付公司，服务的客户众多，苹果iTunes商店、MSN、Napster公司等都是它的常客。FXDD（FX Direct Dealer）公司收到ClickandBuy的汇款确认后，在3~4个工作日内会入金到客户的账户中，入金每次最低100美元，每天最多10000美元。如果客户选择通过ClickandBuy汇款，则可以通过ClickandBuy提款。

9. Cashpay

Cashpay安全、快速、费率合理，PCIDSS（第三方支付行业数据安全标准）规范，是一种多渠道集成的支付网关。无开户费及使用费，无提现手续费及附加费。

10. 中国香港离岸公司银行账户

卖家通过在中国香港开设离岸银行账户，接收海外买家的汇款，再从香港账户汇往内地账户。

中国香港离岸公司银行账户适用范围：传统外贸及跨境电商都适用，适合已有一定交易规模的卖家。

三、跨境电商支付的难题

现阶段跨境电商支付仍存在流程复杂、收费高、交易结算风险高等问题。具体来看，主要表现在图 5-5 所示的两个方面。

难题一 ▶ 收款中间环节多，货款回收进度慢

> 目前，外贸企业跨境收款流程仍较为烦琐，货款需经过多个金融组织与银行之间的流通、交易、合规、结算和风控等中间环节，拉长了外贸企业货款回流周期，这增加了企业的资金占用，降低了资金周转效率，增加了经营风险

难题二 ▶ 跨境电商支付结算费率较高

> 第三方支付机构的结算收费项目主要包括提现手续费与汇兑损失，部分支付平台还设置了年费、到账费用等项目，增加了外贸企业的收款成本

图 5-5　跨境电商支付的难题

四、跨境电商支付的创新方式

随着跨境电商的日益发展，数字人民币和跨境人民币支付已成为跨境电商支付的新突破口。

1. 数字人民币加强交易信任，缩减成本

2019 年 10 月 28 日，中国正式推出央行数字货币，这是基于区块链技术提出的全新加密电子货币体系。2020 年 10 月央行出台《中华人民共和国中国人民银行法（修订草案征求意见稿）》（以下简称《征求意见稿》）。《征求意见稿》规定人民币包括实物形式和数字形式，为发行数字人民币提供了法律依据；防范虚拟货币风险，明确任何单位和个人禁止制作和发售数字货币。

数字人民币的中心化管理能实现支付即结算，可以提高商户资金周转效率，有助于解决中小企业资金流动性问题，提高货币流通速度和货币政策执行效率。目前数字人民币试点采用了零费率形式（未来可能有其他的费用），有利于商户资金的结算。

2021 年 5 月，数字人民币首次在海南跨境进口电商企业——国免（海南）科技有限公司使用并完成支付，这是数字人民币首次应用在跨境进口电商支付场景并在海南落地

成功。相较于一般电商平台而言，跨境进口电商在实名认证基础上进一步做到了订购人和支付人一致性校验，符合海关总署公告2018年第194号的监管要求。对消费者来讲，在下单最后支付阶段选择"数字人民币支付"即可，实现了从消费者到电商平台间的结算闭环，使整个支付过程经济性、安全性更强。

2. 跨境人民币简化收款手续，降低支付成本

推行跨境人民币结算是近年来中国人民银行为支持外向型企业的资金管理、增加新金融业态的重要举措。从2009年中国人民银行等六部委联合发布《跨境贸易人民币结算试点管理办法》开始，跨境贸易人民币结算的适用范围从上海、广州、深圳、珠海、东莞5个城市逐步扩大到全国范围；参与主体从列入试点名单的企业扩大到境内所有从事货物贸易、服务贸易及其他经常项目的企业。中国人民银行和海关总署等六部委先后下发《关于简化跨境人民币业务流程和完善有关政策的通知》《关于简化出口货物贸易人民币结算企业管理有关事项的通知》下发的《关于进一步完善人民币跨境业务政策促进贸易投资便利化的通知》等文件，简化跨境人民币业务流程，并明确凡依法可以使用外汇结算的跨境交易，境内银行可在"展业三原则"（了解客户、了解业务、尽职审查）基础上直接办理跨境人民币结算。

除了商业银行，第三方支付机构也可以在中国人民银行的批准下办理电子商务人民币资金跨境支付业务。中国人民银行上海总部下发的《关于上海市支付机构开展跨境人民币支付业务的实施意见》明确规定，具有必要资质的第三方支付机构经备案可以依托互联网，为境内外收付款人之间基于非自由贸易账户的真实交易所需要的人民币资金转移提供支付服务。

2021年，中国人民银行等六部委联合发布《关于进一步优化跨境人民币政策支持稳外贸稳外资的通知》，强调支持贸易新业态跨境人民币结算，要求"境内银行在满足交易信息采集、真实性审核的条件下，可按相关规定凭交易电子信息为跨境电子商务等贸易新业态相关市场主体提供经常项目下跨境人民币结算服务。支持境内银行与合法转接清算机构、非银行支付机构在依法合规的前提下合作，为跨境电子商务、市场采购贸易方式、外贸综合服务等贸易新业态相关市场主体提供跨境人民币收付服务。"

根据上述政策，类似于国内消费者海淘时直接支付美元，境内卖家在跨境电商平台上也可以直接以人民币作为收款的币种，只要该笔交易符合一般结汇条件，收款后可通过银行或者有资质的第三方支付机构直接办理跨境人民币结算业务。

比如，"跨境电商直通车"是中国人民银行深圳市中心支行指导商业银行推出的服务跨境电商出口便利化收款的一项创新。出口跨境电商无需通过境内第三方支付机构办理出口收款，而是直接由银行为其提供跨境人民币便利化出口收款服务。相较于传统的收款模式，该业务免除了多层通道费用，可节省75%的收款手续费。

需要注意的是，虽然根据中国人民银行《关于简化跨境人民币业务流程和完善有关政策的通知》，对于经常项下跨境人民币结算，境内银行可在满足"展业三原则"的要求下自行决定是否需要企业提供单据，甚至可以仅凭企业的"跨境人民币结算收/付款说明"或收付款指令直接办理资金的收付。但事实上，在满足中国人民银行的要求之外，跨境进口电商仍需满足外汇管理部门的要求。贸易项下的跨境收支，根据《国家外汇管理局关于印发货物贸易外汇管理法规有关问题的通知》的要求，仍应当符合"谁进口，谁付汇"原则，外汇管理局将通过货物贸易外汇监测系统实现非现场总量核查。

根据2019年《常见外汇业务答疑手册》，货物贸易外汇管理的总量核查、动态监测等工作涵盖了人民币报关或人民币结算的进出口业务。对于以外币报关、人民币结算或以人民币报关、外币结算的跨境贸易收支，企业应当按规定向外汇管理局进行贸易信贷等报告；对于以人民币报关并以人民币结算的跨境贸易收支，企业无需进行贸易信贷等企业报告。

相关链接

《关于进一步优化跨境人民币政策支持稳外贸稳外资的通知》节选

一、紧紧围绕实体经济需求，推动更高水平贸易投资人民币结算便利化

（一）在全国范围内开展更高水平贸易投资便利化试点。境内银行可在"展业三原则"的基础上，凭优质企业提交的"跨境人民币结算收/付款说明"或收付款指令，直接为优质企业办理货物贸易、服务贸易跨境人民币结算，以及资本项目人民币收入（包括外商直接投资资本金、跨境融资及境外上市募集资金调回等）在境内的依法合规使用。

境内银行开展更高水平贸易投资便利化试点，应通过省级跨境人民币业务自律机制制定具体实施方案，明确优质企业的认定标准和动态调整机制等风险防控措施，并将具体实施方案向所在地人民银行副省级城市中心支行以上分支机构报备后实施。

（二）支持贸易新业态跨境人民币结算。境内银行在满足交易信息采集、真实性审核的条件下，可按相关规定凭交易电子信息为跨境电子商务等贸易新业态相关市场主体提供经常项目下跨境人民币结算服务。支持境内银行与合法转接清算机构、非银行支付机构在依法合规的前提下合作为跨境电子商务、市场采购贸易方式、外贸综合服务等贸易新业态相关市场主体提供跨境人民币收付服务。

（三）根据商事制度改革，及时调整对业务办理及审核的要求。企业办理外商直接投资人民币结算相关业务时，无需提供商务主管部门出具的批准或备案文件。银行可将企业营业执照、市场监督管理等部门系统披露的商事主体登记及备案信息等，作为业务审核、账户开立、企业信息登记依据。企业办理来料加工贸易项目下跨境人民币结算业务时，无需向其境内结算银行提交所在地商务主管部门出具的加工贸易业务批准证。如后续有新的政策变化，应及时对所涉业务资料审核要求、审核流程等内部业务制度进行调整,按新的内部业务制度进行展业。

二、进一步简化跨境人民币结算流程

(四)优化跨境人民币业务重点监管名单形成机制。将"出口货物贸易人民币结算企业重点监管名单"调整为"跨境人民币业务重点监管名单",由人民银行会同相关部门更新名单认定标准,完善名单形成制度和流程,支持外贸企业发展。

(五)支持单证电子化审核。境内银行可使用企业提交的纸质形式或电子形式的收付款指令代替"跨境人民币结算收/付款说明",企业提交的收付款指令应满足国际收支申报和跨境人民币业务信息报送要求。

境内银行可通过审核企业提交的具有法律效力的电子单证或电子信息为企业办理经常项目下跨境人民币结算业务。银行应确保电子单证或电子信息的真实性、合规性以及使用的唯一性,并在5年内留存电子单证或电子信息备查。

(六)优化跨国企业集团经常项目下跨境人民币集中收付安排。跨国企业集团指定作为主办企业的境内成员企业,可根据实际需要在异地开立人民币银行结算账户,办理经常项目下跨境人民币集中收付业务。

(七)在全国范围内开展对外承包工程类优质企业跨境人民币结算业务便利化试点。支持银行境内外联动,在"展业三原则"基础上,为对外承包工程类优质企业的货物贸易、服务贸易及境外资金集中管理等业务提供便利化的跨境人民币金融服务,支持对外承包工程类优质企业为确保项目实施而需支付款项的汇出。境内银行开展试点业务,应通过省级跨境人民币业务自律机制明确优质企业的认定标准并制定具体实施方案。

……

四、便利个人经常项目下跨境人民币收付

(十三)支持个人经常项目下跨境人民币结算业务开展。支持境内银行在"展业三原则"的基础上,为个人办理经常项目下跨境人民币结算业务,进一步便利个人薪酬等合法合规收入的跨境收付业务。

(十四)便利个人人民币银行结算账户接收港澳同名汇款。境内银行可为中国香港、澳门居民开立个人人民币银行结算账户,用于接收中国香港、澳门居民每人每日8万元额度内的同名账户汇入资金,境内银行应确保汇入及汇出资金使用符合现行规定,其中汇入资金仅可用于境内消费性支出,不得购买有价证券、金融衍生品、资产管理产品等金融产品。

五、便利境外机构人民币银行结算账户使用

(十五)便利境外机构人民币银行结算账户接收境外资金。扩大境外机构人民币银行结算账户的收入范围,可接收从境外同名账户汇入的人民币资金。除另有规定外,从境外汇入的人民币资金不得购汇。

相关链接

Payoneer的注册流程

目前Payoneer提供个人账户、企业账户两种身份类型。从功能上来说，两种账户基本差不多，都可以使用。除非有特别的要求，如亚马逊欧洲站、英国站考虑到KYC（know your customer，了解你的客户）政策，建议注册公司账户。另外，Newegg、Lazada、京东海外站等平台只允许企业入驻。同样地，这些平台也要求注册公司类型的Payoneer账户，与该平台的注册信息保持一致。

第一步：打开Payoneer官方网站进入注册页面，填写姓名、邮箱、出生日期等。

打开网站，网站界面语言如果是外语的话，可以点击右上角选择中文，如下图所示。

点击右上角选择中文界面

第二步：确定注册个人还是企业账户。

官方给的回复如下图所示，两者没有特别大的差异。为了简化，可以直接注册个人账户。

第三步：填写相关信息。

（1）填写联系信息。

选择Payoneer账户类型（个人），填写姓名、邮箱和生日。根据相关金融监管政策，Payoneer要求用户提供真实信息，这将保障用户今后顺利安全地使用Payoneer的服务。

> 如果您使用Payoneer个人账户，您可以添加属于您个人的本地银行账户，以进行提款操作；
>
> 如果您选择使用Payoneer企业账户，您可以添加您公司的银行账户，或者属于公司法人的银行账户。

网站官方回复界面

姓名：内地用拼音（注意顺序），我国香港用英文，填写用户身份证上显示的真实姓名。

邮箱地址：建议填常用的邮箱（建议用注册店铺的邮箱），用户将使用此电子邮箱登录后台账户，并用其与Payoneer客服交流。

出生日期：一定要用身份证上的日期，需要年满18周岁。

地址信息：要具体到门牌号，内地地址从县或区开始用拼音分两行填，我国香港地址则用英文来写，填不下可适当简写。填写地址时需要注意的是，不能带符号，比如深圳南山区，不能写成"Nan'shan Qu"，而要写成"Nanshan Qu"。

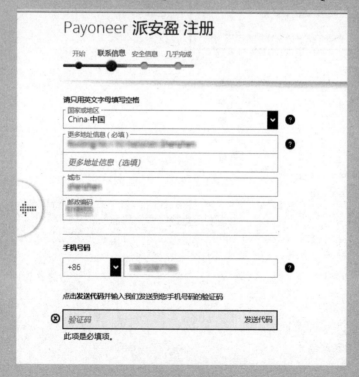

填写地址信息界面

手机号码：填写自己常用的，用来接收验证码，具体如下图所示。

（2）填写安全信息。

登录密码：至少要7个字符，并且至少包含1个拉丁字母以及1个数字。

安全问题（密码保护）：是随机抽取的，用来验证账户和重设密码，英文字母要区分大小写，要牢记。

ID（身份识别码）详情：此信息将确保您是合法的账户所有人，这也符合客户尽职调查的监管要求，具体如下图所示。

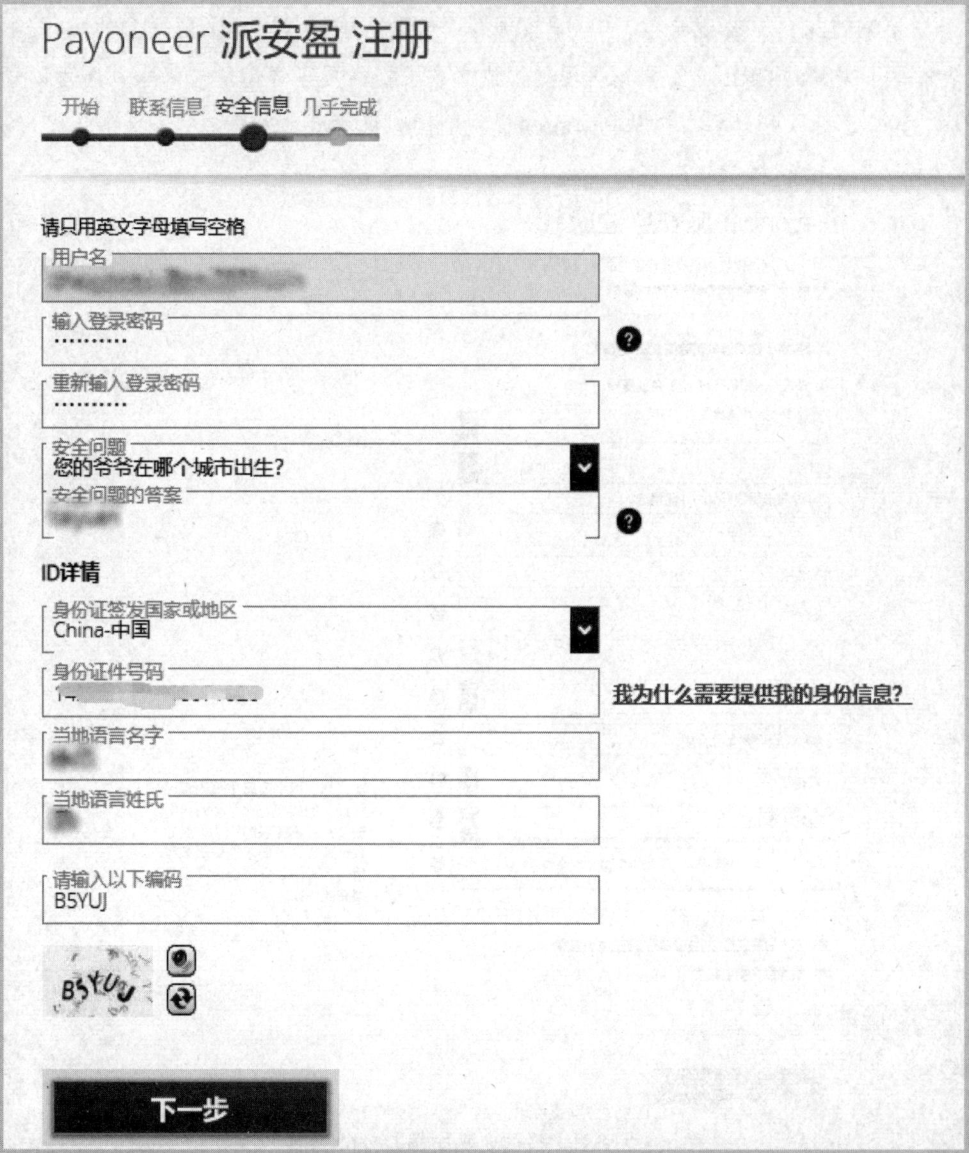

填写安全信息的界面

第四步：提交国内银行信息和店铺网址。

填写真实的银行信息，按提示填写即可。添加内地银联借记卡或我国香港银行卡，最好绑定本人的卡。

居民身份证号码：请输入银行卡持有人的 18 位身份证号码。

个人银行账户名称（中文）：填写持卡人的中文姓名，确保与银行开户信息一致。

个人银行账户名称（英文）：以拼音填写银行卡持有人姓名，姓在后。

银行个人账号：填银行卡的卡号，通常为 16 位或 19 位数。

支行名称、支行的省份、支行的城市都用中文，请用当地银行提供的分行名称。

店铺 URL（统一资源定位符）：建议填写真实的店铺链接（比如亚马逊的），若不填或者填写不完整的 URL 可能导致提现延误或者要求提供更多详情。若尚未开店可以暂时不填，等有资金入账以后，在从 Payoneer 提现到国内银行卡之前需要补充此店铺链接。

第五步：后续提交资料。

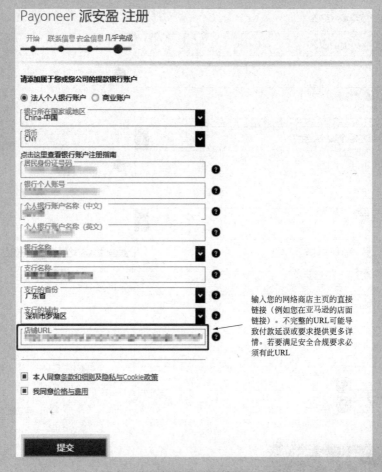

提交国内银行信息和店铺网址的界面

填完本地银行信息，阅读需要同意的政策，点击"提交"，就看到如下图所示的页面。

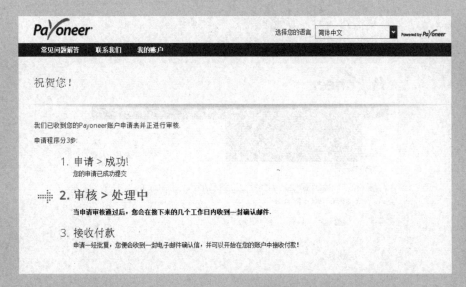

点击"提交"界面

注册最好一气呵成，否则会因为页面超时而需要重新填写。如果重新填写，请注意要和之前填写过的信息保持一致，否则可能因为真实性可疑而需审核更久。

第六步：等待审核通过，登录 Payoneer。

登录 Payoneer，登录名是您的注册邮箱。

首次登录，要再设置 2 个密保问题的答案，用拼音或英文填写。要记得答案，后面重置密码或联系客服验证个人身份时会用到，具体如下图所示。

登录 Payoneer 设置密保问题的界面

全部填写完后，就等账户通过审核的邮件了。一般系统会在 5 分钟～2 小时自动通过审核，之后您会收到自动审核通过的邮件。

登录 Payoneer 后台，如果能在"收款"中看到"Global Payment Service"和国

外银行账户，就表示申请通过了。此时您已同时拥有美元、欧元、英镑收款账户。如有需要，还可以另外申请加元、日元和澳元账户，具体如下图所示。

申请其他币种账户的界面

在 TikTok 小店后台，您可以直接把 Payoneer 账号绑定到小店，进行订单结算，如下图所示。

Payoneer 账户绑定到小店界面

第二节 跨境电商支付安全

一、境内消费者的支付安全

对于跨境电商零售进口而言,在目前"以境内跨境电商平台为核心、以支付机构为辅助服务"的模式下,大量"金额小、频率高、反应快"的跨境电商支付更多依托于第三方支付机构的"快捷通道方式",而非效率较低的银行直连方式,其支付流程如图 5-6 所示。

在上述流程中,境内消费者使用第三方支付业务运营模式时将面临数据安全的挑战。

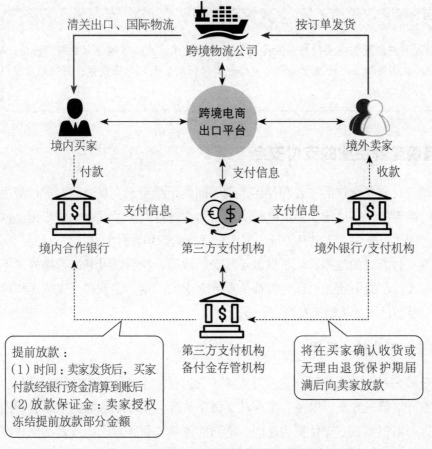

图 5-6 跨境电商进口支付流程

注:------> 资金流, ←—→ 信息流, ——> 货物流。

第三方支付业务开展流程中往往会涉及金融数据的处理,例如用户的使用习惯和消费习惯数据，并结合既有的平台数据对用户进行分析并形成用户画像，基于用户画像针对用户开展金融营销活动，为用户推荐其可能感兴趣的商品或者金融服务。对于该金融数据的处理，往往可能对用户的个人信息权益产生一定的影响。

不过，于2021年6月出台的《中华人民共和国数据安全法》(以下简称《数据安全法》)已确立了我国数据安全领域的基本法律框架，对支付机构在数据使用方面提出了更高、更全面的要求。《数据安全法》明确，支付机构应当遵守《数据安全法》在数据分级分类保护、数据安全保护制度、数据交易和数据安全审查制度、数据跨境流动安全等方面的规定和要求。以与个人用户密切关联的数据安全保护为例，《数据安全法》明确了企业开展数据处理活动的安全保护义务，具体包括：建立健全全流程数据安全管理制度；采取保障数据安全的必要技术措施；进行数据安全风险监测及处置措施；定期开展风险评估；采取合法、正当方式收集数据，并在法律、行政法规规定的目的和范围内收集、使用数据，不得超过必要限度等。

> **小提示**
>
> 个人用户的数据安全问题一直是监管部门的关注重点，伴随着《数据安全法》的出台，我国数据活动的监管将迎来一个新的时代，个人信息安全也将会得到愈发全面的保护。

二、跨境电商企业的支付安全

不同跨境支付方式合作的平台和使用范围不同，手续费、交易时间、支付流程、风险以及合作门槛等都存在差异。跨境电子交易主体在进行商务活动时，要根据这些方式各自的优缺点和适用条件，从自身情况出发选择适合的跨境支付方式。

跨境电商支付方式的选择，除了受制于平台、政策、税费以及基础设施外，不同货币之间的汇率波动、能不能通汇通兑等都是需要考虑的因素。企业在开发或运作跨境电商的过程中，可通过下述策略来提高支付安全性。

1. 多种支付方式综合运用

从全球范围来看，常用的跨境支付方式除了货到付款之外，还有信用卡支付、电子钱包、网络银行、第三方支付以及各类移动支付工具等。不同地区和国家有着不同的消费习惯和支付习惯，第三方支付机构之间、不同的跨境电商平台之间有着不同程度的竞争。要想通过一种手段来实现全球化经营也不现实，这就需要卖家能对跨境支付的优势、特征、使用成本、普及率以及使用率进行综合权衡，通过综合使用多种跨境支付方式的策略，降低使用风险和成本，提升使用效率。

2. 针对市场特点有效选择

不同地区和国家有着不同的经济发展水平，存在较大的经济环境差异，也有着不同的使用偏好和消费习惯，这就要结合目标市场的特点综合比较，选择恰当的跨境支付方式。从目标市场的需求和具体表现出发，做好把控，制定有针对性的跨境支付策略，从自身的运营模式出发，结合自身需求，发挥自身业务优势，做好综合组合。

3. 防范跨境支付信用风险

诚信是发展跨境电商的一个重要条件。买卖双方在虚拟的网络中只是通过网络沟通工具来进行交流，而无法实现面对面沟通。跨境电商卖家可通过相关策略来对买家信用状况进行鉴别，如通过购买行为和平台提供的信息来对买家的真实购买意图进行分析，在 IP 地址定位服务下对送货地址进行核实，对于高风险国家和地区的买家提升警惕等。此外，商家也可构建信用评价机制，将失信客户纳入黑名单，终止与其相关业务往来。

此外，卖家还可通过在保险公司和平台投保的方式来保护自身利益，如投保拒付货物损失险、脱货运费险等来转嫁风险。

4. 防范跨境支付网络风险

在网络技术的发展下，跨境在线支付促进了跨境电商业务的发展，给国内外消费者提供了更大的便利。同时，网络信息技术应用于跨境业务的日常管理、外贸业务以及跨境支付，这其中也存在较大的安全隐患，需要相关主体能提升网络安全意识，做好安全防范，最大限度降低网络风险。

5. 学习规则，提高自身法律意识

跨境电商经营者在日常经营过程中应该持续学习支付平台的规则和条款，在实际的跨境经营中要善于保护好自己的账户信息和资金安全。另外，跨境电商支付平台的用户在遇到风险后要善于利用行业协会的优势，积极应诉，取得诉讼的主动权，保证自己的资金安全。

第六章

跨境电商物流配送

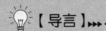【导言】

　　跨境电商物流作为服务于跨境电商产业链条的关键环节，其费用占据跨境电商交易成本的20%～30%。跨境电商的发展是物流、信息流和资金流的协调发展，跨境电商物流作为重要一环，其发展状况影响着整个跨境电商的发展。跨境电商为国际物流的发展提供了市场机遇，而国际物流的完善则是跨境电商发展的必要条件。

第一节　跨境物流认知

近年来,全球化的浪潮继续汹涌,在政策及产业的推动下,跨境出口电商将延续快速发展的态势。与此同时,跨境电商对物流服务功能、服务水平、服务成本等方面的要求也越来越高,需求层次化趋势日益明显。

一、跨境物流的重要性

物流是贸易过程中不可忽视的重要环节,在竞争日益激烈的当下,物流是又一核心竞争力。然而,对于跨境贸易而言,物流普遍存在速度慢、效率低、中间环节不透明等现象,直接影响用户体验。

对买家和卖家而言,在一笔跨境电商交易中,最为关心的就是物流。因为其时效性关系到买家的购物体验,稳定性关系到卖家的营运成本,性价比则关系到行业的利润空间以及未来前景。

二、跨境物流的痛点

跨境物流是做跨境电商的一大痛点,对消费者购买体验起着决定性作用。目前来说,跨境物流存在图 6-1 所示的痛点。

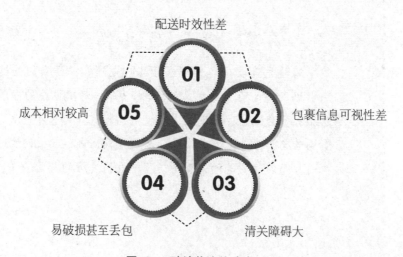

图 6-1　跨境物流的痛点

1. 配送时效性差

众所周知,对于跨境物流企业而言,产品项目的运输和妥投时效极其重要,实现货物的高效运输有利于进一步提高顾客的购物体验及满意度,提升跨境企业的核心竞争力,从而帮助企业提高整体绩效。然而,跨境企业面向全球市场,其电商出货量规模较大、地点分散且在时间节点上分布不均,导致出货频繁并且毫无规律可循,更难以估算各国的发货量,在跨境消费高峰期,这些物流企业就很容易发生爆仓、瘫痪等情况,因而送货时间也会被不定期延长,严重影响顾客的购物体验。

比如,从国内发出的国际邮政小包到达亚洲邻国大概需要7~15天的时间,到达欧美国家基本需要15~30天,而在一些新兴的跨境电商国家,如俄罗斯、白俄罗斯、智利等国家,其妥投时间则需要30~60天,且一旦进入外贸旺季,包裹量的剧增还将导致包裹揽收排号时间增加、妥投时间出现严重延后,因此发往俄罗斯地区的包裹超过3个月仍无法妥投的情况时有发生。

时效性差的问题所引发的订单纠纷,导致客户发起退款的情况频频出现,严重影响客户满意度及企业店铺的综合评分。

2. 包裹信息可视性差

目前中国电商物流业已基本实现包裹的实时追踪查询,然而很多包裹出境后就往往无法追踪。物流发达且语言较为方便的英美澳等国稍微好一些,一些小语种国家以及物流行业极不发达的国家,就算拿到单号也未必能够查询到包裹的投递信息。包裹难以实现跨境全程追踪。

要想解决好跨境包裹的追踪问题,则必须实现货物在境内外物流配送信息的对接工作,完善境外地区的快递服务网点,全面提高物流企业在境外的物流配送信息化水平,然而这涉及各国法规与国家经济技术,短期内难以实现。

3. 清关障碍大

目前,跨境电商物流发展中所面临的最大的问题就是包裹能否顺利通关。由于跨境市场面向全球,其中包括发达国家与发展中国家,这些国家在进出境货物审查与海关进出口货物方面的相关政策各不相同,且收取的关税费用也有所不同,有些国家实行贸易保护壁垒,境外货物的海关申报手续十分烦琐且时间漫长,相对应的关税费用也是十分昂贵。

此外,海关对于那些在进出境货物审查中被申报为不合格的商品一律采取滞留、扣押或者退回发货国等方式,致使消费者无法按时收货。而对于这些海关征税高昂或者申报不合格的商品,卖家或需承担昂贵的手续费,或需销毁商品,这严重影响了跨境电商的发展。

如何建立健全与跨境电商进口税制度相适应的海关税收制度,提高跨境贸易的便利性,是跨境物流公司和各国海关亟待解决的难题。

4. 易破损甚至丢包

及时性、可得性和可靠性是衡量物流效率的重要指标。及时性表示产品是否可以成功交付到消费者所期望送达的位置,可得性意味着消费者可以准确无误地获得产品,可靠性指的是送达的产品完整无损。

跨境物流必须经历漫长的物流运输和烦琐的通关程序、检验检疫手续,一旦被滞留,则需要经过多次流转最终才能送达客户手中,极易出现包裹破损甚至丢失的情况。

比如,在使用国际邮政小包运输时,其丢包率在俄罗斯和巴西等国家相对较高。

然而对于境外破损或丢包的情况,由于单位物流价格较低,物流公司并不会对卖家予以相应赔偿,这严重影响了客户的购物体验,同时也大大增加卖家的运营成本,导致大量客户资源流失。

5. 成本相对较高

跨境电子商务不同于国内电子商务,其物流成本在整个企业的成本核算中占据着极大的比重。

比如,若使用中国邮政小包,每1千克的商品以挂号的方式发往阿根廷,其标准费用为118元人民币,如果是发往乌拉圭、牙买加等美洲国家,1千克的商品需要176元人民币,如需挂号,更要额外加收8元挂号费,而使用国际快递等方式则需要更高的物流费用。

对于一些低价值的商品来说,其物流成本已经严重超过商品本身的采购成本。因此,如果商品本身缺乏成本优势,就很难与目标国家的国内电子商务竞争,大大缩减了跨境电商的商品利润空间。

三、跨境物流的风险

在跨境电商中,物流也存在着不少的风险,主要分为国内风险和国外风险两种。

1. 国内风险

跨境电商物流的国内风险主要有两方面因素,即转运中货物破损或丢失和海关没收查验。

（1）转运中货物破损或丢失。常见的转运中货物破损或丢失，有可能是图6-2所示的几种原因造成的。

原因一 某些货运代理为了追求更大的利润，选择更换偏远的货运渠道，导致货物的网上信息更新速度非常慢

原因二 由于物流线路较长，一些较远的城市容易出现车辆颠簸、转运碰撞，货物可能丢失或破损

原因三 个别货运代理对高价值产品扣货，这是极个别的现象，在平时的物流中不常见但确有发生

原因四 物流操作人员不规范操作或暴力分拣

图6-2 转运中货物破损或丢失的原因

另外，我国香港出货的货品还要面临香港代理查货的风险。面对这些问题，商家们要选择正规的货运代理公司，产品要严格包装好。

（2）海关没收查验。商家在国内海关查验方面容易出现的问题主要有如下三个。

第一，是假冒产品。我国坚决打击假冒产品，因此海关对假冒产品的查验也是严格的。

第二，是海关禁止出口的产品。电池、粉末、液体、贵金属等禁止出口的产品是无法通过海关查验的。

第三，是冲关问题。主要指的是商业快递，有些商品是需要商检的，有些货运代理会建议商家虚报货值、货量较大商品的品名和价格冲关，一旦被海关查出，货物将会被退回，严重的将被罚款。

> **小提示**
>
> 商家要遵纪守法，按海关规定出口，尽量避免出现以上问题，在出口前了解需要的出口清单材料，如商检证明、报关文书等。

2. 国外风险

对跨境电商物流来说，来自国外的风险主要有图6-3所示几方面的因素。

图 6-3 国外风险因素

（1）未通过航空安检。我们都知道，干扰航班信号、易燃易爆、涉嫌假冒伪劣的产品都无法通过航空安检。因此，商家运输货物中有危险品，要做好危险品证明，并在航空公司备案；有电池类产品，要做好证明；避免涉嫌假冒伪劣的产品。

（2）转运途中的风险。航空包裹在到达目的国时要经过多次中转，这个过程中就容易出现很多问题。国际物流中转过程中的丢失、恶劣天气导致的包裹投递延迟、分拣人员暴力分拣、中转拆包导致的外包装破损都是在转运途中较容易出现的问题。

如果货物中有易碎物品，商家要多贴易碎品标签，在发货前多垫泡沫、气泡袋或使用打木架、木箱以加固好自己的产品，保证产品安全；在货物货值较高的情况下，建议商家购买保险；面对时效要求高的货物，商家要注意选择物流方式。

（3）清关问题。目的国的关税过高导致买家不愿付清关费，目的国国家限制进口产品，侵权产品被海关查扣，申报价值与实际不符导致货物退回、弃件及销毁等，都是比较常见的清关问题。

四、跨境物流的成本控制

物流运输是电商活动完成的必要条件和基础，控制好物流运输成本，能够提高跨境电商企业资金周转的速度，提高企业经营效率，提升企业的利润空间，从而推动跨境电商企业发展。因此，电商企业可以从图 6-4 所示的几个方面来控制物流成本。

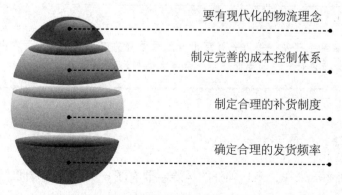

图 6-4 跨境电商物流成本控制的措施

1. 要有现代化的物流理念

跨境电商企业的决策层与管理层必须把物流运输成本控制上升到企业发展战略的层次，要重视物流运输成本控制，要从供应链的角度分析整个物流运输的成本、效率、服务并提出对策。跨境电商企业要对接好物流服务市场，选择仓储和运输服务商时，要注意服务商的专业化、信息化、社会化，利用供应链管理信息系统，有效地监督和控制物流运输活动。

另外，跨境电商企业要对物流运输成本的数据作出分析，通过对比分析历史数据，了解各个物流运输环节及因素对物流运输活动的影响，然后作出有效调整，控制物流运输成本。

比如，控制包装成本，可以通过包装尺寸标准化、包装回收再利用、包装作业机械化等方面进行；控制装卸搬运成本，可以通过集装箱运输、大批量少批次运输、直达运输等方式，减少装卸搬运次数，从而降低成本。

2. 制定完善的成本控制体系

要想切实控制成本，跨境电商企业必须制定完善的成本控制体系，在事前和事中以及事后制定相应的成本控制措施。

（1）事前控制。在开始物流运输之前，企业必须根据以往的运输成本做好预算。另外，在运输前企业应该做好充分的准备，如规范货物包装，检查货物的质量，正确填写货物装箱单据、运输单据和发票等，不得运输或者夹带违禁产品，所运输产品不得侵犯知识产权等。

（2）事中控制。在运输的过程中企业应该严格把控各个流程和环节，做好清关事宜，为报关提供全面准确的资料，以减少货物积压时间。另外，实时跟踪货物运输情况，确保货物安全准确抵达目的地。

（3）事后控制。在运输活动完成后要分析其成本，细化成本信息，弄清楚货物口到港的成本、港到港的成本、港到口的成本，然后把实际成本和预算成本进行比较，分析是否超支，并且弄清楚超支的原因，制定解决对策。货物运输到海外的仓库之后，企业要把产品按照品种、特性、价值进行分类分级，对于重要货品重点管理，容易变质和易耗损的要加强管理，产品要先入先出，有效降低成本。

3. 制定合理的补货制度

通过调查研究发现，单独采取空运进行海外补货会导致运输成本偏高，空运补货的运输成本远远高于海外补货成本。全面考虑补货过程中的各个因素，最好采取海运和空运相结合的方式进行补货。空运补货具有很好的时效性，但是会拉高物流成本，所以企业可以采取海运为主、空运补充的方式，充分发挥空运的时效优势和海运的价格优势。

最后，针对海运补货制定完善的管理条例，根据货物实际需要和企业资金情况确定海运、空运补货的频率。

4. 确定合理的发货频率

电商企业不是生产企业，产品都是从全国各地的供应商处采购来的。

（1）影响本地仓发货频率的因素。跨境电商企业需要花费一定时间储备本地仓的货物，供应商所在地、产品供求关系、供应商实力、谈判能力都会影响本地仓储备的时间。如果供应商离本地仓很远，则需要更长的采购时间。如果采购的产品受欢迎，则可能出现供不应求的情况。如果供应商具有不俗的综合实力，且谈判能力较强，也会使采购时间延长。有货可发才能保证及时发货，所以发货频率会受到本地仓采购时间的影响。此外，发货频率还会受到货物市场动态、存货周转速率、资金周转比率、拣货情况、包货情况、运输代理商选择等因素的影响。

（2）影响海外仓发货频率的因素。如果为了满足产品需求把大量的货物发到海外仓，这样虽然能够保证有货可发，时时满足顾客需求，但会导致资金周转慢，使企业的运营效率降低。如果发货不够及时、频率太低，就会延长货物发送时间，无法满足客户的需求，引起客户不满，影响企业的形象和信誉，最终造成客户的流失。为了塑造企业形象，就要想办法满足客户需求，如果从海外的其他仓库发货，就会增加企业的运输成本，如果发货太频繁又会出现产品积压问题，影响产品周转速率，货款积压导致流动资金周转不灵。为了增加流动资金，企业会把积压产品调往其他平台销售，但这样会增加物流运输成本。

> **小提示**
>
> 运输成本很大程度上受到发货频率的影响，应该结合企业实际情况调节发货频率。根据海外电商企业的发货流程来看，每个月发货2次比较合理，为了降低发货成本最好采取海运发货模式。

第二节　跨境电商物流分类

随着跨境电商的发展，同时也催生了跨境电商物流的爆发。就目前而言，我国跨境电商货件的出口主要通过直邮和海外仓两种途径，但随着跨境电商行业的发展，新兴的物流模式也应运而生。

一、直邮模式

直邮模式是指跨境物流服务商完成跨境电商货件门到门/门到仓全流程跨境物流的模式。

直邮模式的流程如图6-5所示。

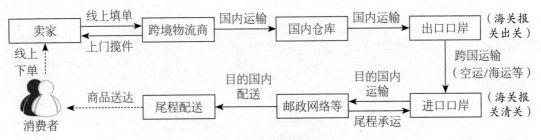

图6-5 直邮模式的流程

按照物流环节运营主体来进行区分，跨境电商出口物流中的直邮模式包含通过UPU（万国邮盟）的各国邮政网络完成跨境电商货件出口的邮政小包，跨境专线服务商利用自营揽货、自排航班运力以及尾程配送的跨境专线服务，以及以DHL、FedEx、UPS为主导的国际商业快递服务。直邮物流服务产品因包裹可追踪能力、时效要求、计费方式的差异，在产品价格上有明显区别。海外卖家可以依据自身的实际需求进行选择。

直邮模式中，各物流服务的对比如表6-1所示。

表6-1 直邮物流服务对比

跨境产品	时效	追踪能力	价格	通达范围	货单价	国际运输环节
邮政（平邮类）	以中美为例，20~30天	不具备包裹追踪能力	低	大	货值较低，如手机壳	航空转机或海运
邮政（挂号类）	以中美为例，15~20天	具备包裹追踪能力	较高	大	货值较高	以航空运输为主
专线类	以中美为例，10~15天	具备包裹追踪能力	较低	小	货值较高，如假发等	航空直飞占较高比重
国际商业快递类	以中美为例，7天以内	具备包裹追踪能力	高	较大	货值高，如手机	以直飞模式为主

二、海外仓模式

海外仓是最近几年兴起的新型跨境电商国际物流模式，它是指经营跨境电商的企业在境外目的地建立或租赁仓库，采用海陆空等运输方式将货物运输至境外目的地，通过跨境电商的方式进行线上销售，消费者成功下订单之后，企业再利用境外目的地仓库或境外第三方物流机构直接进行商品配送及运输，其物流流程如图 6-6 所示。

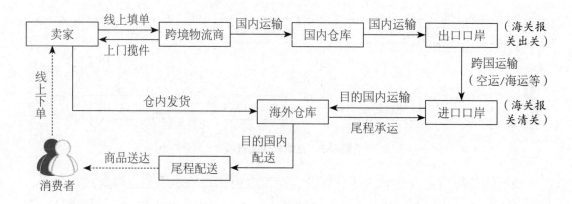

图 6-6　海外仓模式的流程

海外仓储应该包括图 6-7 所示的三个部分。

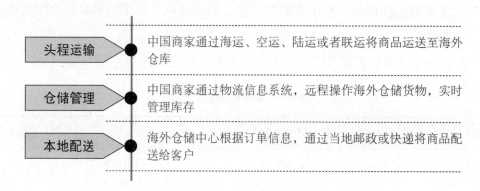

图 6-7　海外仓储的组成

与传统物流模式所存在的弊端相比，海外仓这种新兴的物流模式能够缩短物流时间、降低物流配送成本，同时还能有效解决商品检验及退换货等诸多问题；虽然其具有传统物流无可比拟的优势，但由于建设"海外仓"投资庞大，很多跨境电商企业望而生畏。

"仓配一体"是整体电商行业的趋势，海外仓模式受国家政策和电商平台对物流需求的影响开始出现并快速发展。2020 年国务院办公厅发布《关于推进对外贸易创新发展的实施意见》，其中再次强调"支持建设一批海外仓，扩大跨境电商零售进口试点"。跨境电商平台通过借助第三方海外仓、自营海外仓等仓储资源实现电商订单的履约以及存储功能，减少消费者对于头程及中间跨国运输时效的不佳体验，并节约大件重货配送成本，在提升产品销售转化率的同时也利于卖家积极参与海外市场的竞争。然而，海外仓作为一种对现有跨境物流服务方案的综合优化和整合，其自身也存在重资产运营、仓储资源周转等方面的难题。因此，长期来看，海外仓与直邮模式将会并存。

三、边境仓模式

边境仓与海外仓都是新型跨境电商国际物流模式，都是将物流仓库设立在边境地区。

1. 边境仓与普通仓的区别

边境仓是建立在边境地区的服务系统，为邻国提供跨境物流、通关和仓储服务。边境库与普通库的区别仅仅在于它相对靠近边境，物流会更快。而且，风险是可控的，通关是透明的。

2. 边境仓与海外仓的区别

边境仓与海外仓的区别就在于，海外仓位于境外目的地，而边境仓则位于商品输入国的邻国。同时，对于边境仓而言，仓库的位置可以分为相对边境仓及绝对边境仓两种，相对边境仓也就是仓库设立在与商品输入国不相邻却相近的国家，而绝对边境仓则是仓库设立在与商品输入国相邻的国家。

3. 边境仓的优势

在实际运作中，边境仓的优势主要体现在可以有效规避商品目的国的政治、法律、税收等风险，同时设立边境仓还能够充分利用"自由贸易区"区域物流政策，从而降低物流成本及提升物流效率。

 相关链接

中俄跨境电商边境仓

中国与俄罗斯通过电商平台进行交易，可利用中俄跨境电商边境仓存储商品，对商品进行配送、跟踪。目前，哈尔滨市建造了首个边境仓，黑河市建造了两个边境仓，绥芬河市建造了一个边境仓。2014年，哈尔滨建立的首个边境仓是跨境电子商务的一种新物流仓储模式，也是哈尔滨经济方面的重点项目之一。2018年5月，位于黑河市的边境仓"京东云仓库"正式启动。"京东云仓库"项目促进边境仓、海外仓、智能仓、云仓库之间的深度互动。例如：黑河市有一个果蔬出口的边境项目，凭着在俄罗斯非常好的客户基础和十分密集的销售网，与辽宁海城果蔬企业合作，开展果蔬出口项目，黑河市建的水果和蔬菜产品温室可以辐射到俄罗斯远东的大部分地区；那诚国际物流公司在绥芬河建立的边境仓，为绥芬河经济发展带来助力；哈巴罗夫斯克的仓库配送时间比莫斯科的仓库配送时间短。

中俄跨境贸易之所以频繁，与地理优势有着密切关系，中俄边境城市提供了很多贸易便利，例如黑河、满洲里、绥芬河、布拉戈维申斯克、哈巴罗夫斯克等。边境城市有些设有边境仓，主要仓储轻纺产品。建设边境仓对于生产商来说，货物仓储到边境仓库内，能降低生产成本，货物的安全性有保障；对于运营商来说，能降低运营成本，清关效率有保障；对于服务商来说，能降低时间成本，购物体验有保障。

四、第三方物流模式

第三方物流服务是指第三方跨境物流服务公司通过整合全球物流资源，为跨境电商企业提供商品的仓储、运输、配送综合式物流及进出口清关、本地化售后等服务，其业务链条比国内电商物流服务更长，涉及的经营者更为多样。第三方跨境电商出口物流综合服务有别于跨境电商平台直营的物流，比如京东物流、亚马逊FBA。

按商业模式来分，跨境电商第三方物流服务商可以分为综合类物流服务商和专业类物流服务商。

综合类物流服务商的标志性公司有递四方、纵腾集团、燕文物流、万邑通等，其综合性体现在产品和覆盖地区两方面。从产品来看，综合类物流服务商提供从揽收、头程、清/报关，到海外配送的全链条服务，叠加可追踪性、时效性等差异化产品供客户选择；从覆盖地区来看，综合类物流服务商普遍覆盖欧、美、澳、亚的多个国家和地区。

专业类物流服务商是指聚焦揽收、境内货代、头程、清/报关、海外配送中的一个环节，或聚焦某个特定目标国的垂直化物流服务商。相较于专业类物流服务商，综合类物流服务商受益于全链条服务带来的消费体验提升，其本身对专项服务的自营能力，及对专业物流服务商的资源整合能力，将帮助其获得更高的市场份额。二者的对比如图6-8所示。

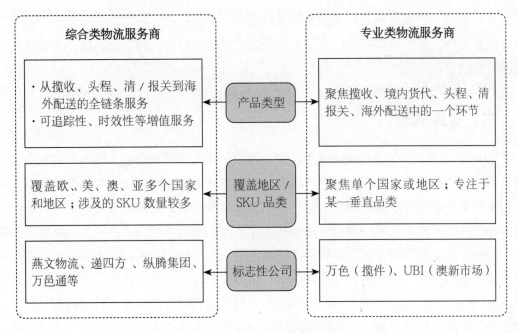

图 6-8　综合类物流服务商与专业类物流服务商的对比

五、第四方物流模式

跨境物流服务商以提供商品跨境物流服务为主要业务模式，而商品的流量实际掌握在大型跨境电商平台手里，如 eBay、Wish、亚马逊、速卖通等。之前电商平台的主要工作是客流引入和商品铺货，物流交由众多第三方跨境物流服务商运营。随着跨境电商平台进入精细化运营阶段，电商和物流行业的融合趋势加强。以跨境电商平台为主体的第四方物流出现，如 Wish 推出的"Wish A+"第四方物流模式，帮助跨境电商平台收集整合物流信息，将物流信息的检索收集工作、物流的实际履约工作交由之前的第三方跨境物流服务商继续完成。

部分跨境电商平台跨境物流政策如表 6-2 所示。

表 6-2　部分跨境电商平台跨境物流政策

序号	跨境电商平台	平台物流服务
1	eBay	直邮主推自营专线 SpeedPAK 和商业预报关，海外仓 eGD 承诺时效服务
2	速卖通	结合菜鸟物流，建设跨境物流骨干网，推出"包机 / 专线 +eHub 清关转运 + 海外仓 + 落地配"
3	Wish	2019 年推出"Wish A+"物流计划，要求商户必须使用 WishPost 中的物流渠道来履行订单

在跨境出口物流业务下，第四方物流商通常由平台设定，将货物实际运输交由第三方物流服务商，自身负责对第三方物流服务履约过程进行监管，从而强化平台自身对物流的管控能力。

六、专线模式

2016年以前，跨境直邮模式主要由国内邮政、国内邮政代理商、国内外贸货物代理商等将外贸商品揽收后，再交由中国邮政、境外邮政或国际商业快递等具备跨境运输能力的企业来完成跨境电商货物的出口流程，部分邮政代理、货物代理公司会进行仓内处理以作为增值服务，如尾程面单、货物分拣等。传统跨境直邮模式由于万国邮盟及部分海外国家采取上调发展中国家终端费或取消免税额等措施，成本不断上涨，这压缩了外贸卖家的利润空间，特别是主打高频低货值品类的卖家，由于物流成本高而企业生存困难。2015~2016年，之前的货物代理公司纷纷通过整合自身物流资源，优化物流产品设计，推出专线类跨境物流产品，统筹跨境出口物流各环节，协调多方参与来实现跨境电商出口物流成本和效益的优化。专线模式的流程如图6-9所示。

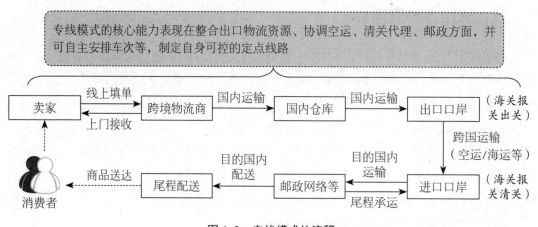

图6-9 专线模式的流程

第三节 跨境物流选择

跨境电商正在快速发展，物流无疑对跨境电商发展有着重要影响。然而，跨境电商物流的服务水平参差不齐，跨境电商中小卖家如何选择合适的跨境物流，成为摆在各跨境电商卖家面前亟待解决的问题。

一、选择跨境物流的依据

物流作为跨境电商的重要环节,严重影响着消费者的体验。跨境卖家都希望能把货物托付给适合自己的物流服务商,然后专注于产品的销售。但是市面上的物流公司那么多,怎么才能选择适合自己的呢?有哪些条件可以作为筛选依据?具体如图 6-10 所示。

图 6-10　选择跨境物流的依据

1. 产品特征

跨境电商企业所出售的产品的特征对其物流模式的选择有一定影响,不同的产品对物流的要求不尽相同。

比如,单个产品超过一定的体积和重量便无法选择国际邮政经济小包,带电带磁的产品只能通过特殊渠道运输,而带液体的产品在渠道的选择方面就更为局限了。

另外,对于那些在时效、安全方面有较高要求的产品,则需要优先选择国际快递、海外仓等物流服务,否则一旦出现产品丢包或者损坏的情况,企业得承担较大的损失。

因此,跨境电商企业必须综合考虑产品的多方因素,例如体积、重量、特殊属性、价值和时效性要求等,才能够更好地选择物流的服务模式。

2. 物流成本

物流是电商供应链的关键组成部分之一,是协调控制产品从仓库到消费者手中高效率、低成本流动以及规范储存的过程,主要目的是保障一个包裹从卖家到买家手上的完好及效率,给予消费者舒适的购物体验。

物流成本是影响物流渠道选择的重要因素之一。物流成本在一定程度上限制了电商行业的发展,合理控制物流成本有利于提高企业的物流效率。在跨境电商行业中,物流成本主要体现在货物的仓储成本、储货产品贬值造成的成本以及货物的运输成本等。由于中小型企业尚未具备自营物流的能力,因此,实际的物流成本是指从卖家将产品发货到妥投期间所产生的总成本。选择不同的物流渠道,其物流成本也会有所不同。

通常，物流渠道按成本不同排序如下：国际邮政小包、国际快递、国际专线、海外仓。这些单一的物流渠道在一定程度上提高了产品的物流成本，因此合理控制货物的物流成本对提高跨境物流的效率至关重要。

3. 服务能力

物流服务能力是指买家在下单到货物妥投期间对物流效率及物流服务的一种心理预期。物流企业服务能力的高低在一定程度上也决定了电商企业的成败。

在不同的发展阶段中，由于电商企业面临的客户群、产品特征的不同，相应地，对物流的服务能力也有不同的需求。然而每个物流公司所能提供的物流服务不尽相同，不同的物流公司有着不同的物流产品，因此跨境电商企业在选择物流渠道时应综合考虑不同的物流渠道所能提供给客户的物流服务。

从主观因素方面，物流服务能力体现在买家收到包裹时的实际感受与心理预期的差距；从客观因素方面，物流服务能力是对行业人员的服务水平、物流品牌战略及服务流程的综合评判。货物妥投的及时性、损坏率以及货物丢失导致的延时赔偿率是衡量物流服务能力的重要指标。不同物流服务能力之间的差异性制约着物流的时效及安全性，选择不同的渠道派送产品会产生不同的效果。

配送安全、稳妥可以避免很多后期不必要的售后麻烦和损失。卖家考核物流供应商时，可以详细了解其全环节操作是否足够专业，可从图6-11所示的几个方面来考核。

图 6-11　考核供应商全环节操作是否专业的条件

比如，顺丰对国际包裹的揽收、封发都是按照标准规范的流程操作。此外，顺丰国际在海外的分公司团队及客服团队能及时响应，排查物流异常事件。

如果物流节点的动态信息都是可查、可追踪的，那么异常情况就能得到及时处理。这类信息，可通过深入洽询或者参观探访物流合作商进行了解。

4. 风控能力

跨境电商企业在选择不同的物流渠道时，意味着其需要承担不同的风险。因此，企业必须综合考虑自身对风险的控制能力来选择合适的物流模式。

比如，国际邮政小包在某些站点可能出现无法显示物流跟踪及签收信息的情况，这就需要企业及时与客户沟通，以获取客户的信任，同时还应该避免客户利用物流缺陷所引发的欺诈性行为；而选择海外仓储渠道则要求企业能够准确评估产品在特定市场中的销售数量。

总而言之，找到一家长期、稳定、诚信、值得信赖的物流合作伙伴，能最大限度地保障包裹安全。

二、选择跨境物流的原则

如何选择物流商，关键在于如何选择既方便买家又适合卖家的运输方式。跨境电商平台对卖家的货运服务有严格要求，对于卖家来说，需要按图6-12所示的原则来选择适合自己的运输方式。

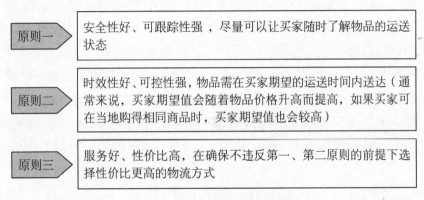

图6-12　选择跨境物流的原则

三、选择跨境物流的技巧

下面介绍一些跨境电商在选择跨境物流时使用的技巧。

1. 按客户对速度的要求来选择

对于速度要求高的产品，可以选择商业快递。商业快递费用高，可以全程追踪，一般在5~7天到达目的地，丢包和客户撤销付款的风险小。

速度要求不高的情况下，可以选择航空小包。航空小包可以发2千克以下的货物，特点是便宜、方便，全球通邮，价格统一，但时效不稳定，更新信息慢，丢包和客户纠纷风险大。由于不同国家的物流环境，特别是物流软环境不同，不同国家的物流运输方式差异很大。

2. 按货物报关要求选择

卖家要了解产品在目的国海关清关的要求，避免涉嫌侵权的产品，如实申报产品价值，遇特殊情况，要保留好证据。申报品名要尽量详细，避免只写"礼品""配件"。

要注意的是，商业快递邮寄到巴西，一定要写上收件人 VAT 税号；电子产品邮寄到欧洲尤其是意大利、西班牙，一般需要 CE；而西班牙、葡萄牙、波兰、乌克兰、意大利、俄罗斯、巴西、以色列这八个国家则不能弃件或销毁。

3. 按海关清关能力选择

为了避免在跟买家沟通交易过程中出现问题，商家要了解产品在目的国海关清关的要求，选择合适的物流方式。

（1）西欧、北欧、南欧可以用 DHL、TNT，这两种清关能力强。TNT 在荷兰、比利时优势明显，DHL 优势区有罗马尼亚、保加利亚、摩尔多瓦、匈牙利等，EMS 优势区有希腊、俄罗斯等。

（2）在亚洲，韩国、日本、泰国等国家适合发 FedEx、DHL。FedEx 时效快，DHL 具有速度快的特点，但它的价格高。印尼建议发 DHL，因为它的清关能力强。

（3）加拿大、美国等美洲国家，FedEx、UPS、DHL 比较适合，它们的清关能力强，速度快。墨西哥适合 FedEx，阿根廷、巴西适合 EMS，要注意巴西需要提供税号。

（4）在大洋洲，DHL、UPS 速度快，但价格高；TNT、FedEx 价格低，但相对网点少。要特别注意出口澳大利亚的产品包装要贴上"Made in China"标签。

（5）非洲的商业快递非常贵，偏远地区多，建议发 EMS。

> **小提示**
>
> EMS 的通关能力极强，航空小包能到达很多商业快递和邮政快递到达不了的国家和地区，几乎通邮全球，运输范围广是它的优势。

四、优化跨境物流的策略

对于中小跨境电商企业而言，跨境商品的物流效率与质量会影响整个交易过程，选择合适的物流方式并尽可能地节省物流成本，对于提升跨境电商企业的核心竞争力至关重要。对此，跨境电商企业可以参考图 6-13 所示的策略来优化跨境物流。

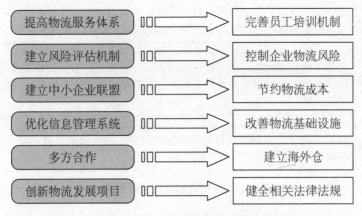

图 6-13　优化跨境物流的策略

1. 提高物流服务体系，完善员工培训机制

在未来相当长的一段时间内，跨境电商将延续快速发展的态势。与此同时，跨境电商对跨境物流的服务成本、服务质量、服务水平等方面的要求也越来越高，对物流服务的需求层次化趋势也日益明显。

对于中小型规模的跨境电商企业来说，更应该顺应时代的发展潮流，健全企业自身的物流服务体系，加强对国内外跨境物流服务质量体系的研究，建立科学可靠的物流服务质量评价体系，重视物流服务建设，完善内部员工培训机制，培养物流专业人才，从而避免出现包裹在运输途中受损或丢包的现象，为客户提供更为优质的物流服务。

2. 建立风险评估机制，控制企业物流风险

在跨境电商行业中，跨境物流的风险涉及范围十分广泛，由于不同的物流公司提供了不同的物流产品，因此相对应的物流风险类型也有较大的差距。根据风险的大小，可以将其分为可能发生、偶尔发生、经常发生；或者根据物流风险所导致的最终结果分为轻微、严重及灾难性。因此对于不同类型的风险，企业应该采取不同的应对措施，例如转移、减少或避免。

合理控制物流风险是优化企业物流的关键因素，做到图 6-14 所示的几点可以合理控制物流风险。

3. 建立中小企业联盟，节约物流成本

企业的物流成本是由库存成本、运输成本和物流管理成本组成的。合理有效地降低物流成本与加强物流服务能力是企业实现良好的物流成本管理的基础。降低物流成本有利于提高跨境电商企业在国际市场中的竞争力，从而在最大限度上减少对资源的消耗，

1. 选择与信誉度高、业务规范且声誉评价高的物流企业合作是企业防范物流风险的基础，在此情况下，即使出现问题也能及时协商并解决

2. 跨境电商企业应慎重考虑投保责任险，转移责任风险，并成立应急突发事件小组，采取有效的补救方法，加强对风险的防控，降低企业所需承担的风险

3. 跨境电商企业应提高对商品特殊性的重视，对价值高的商品以及液体、带磁产品的运输方式进行严格控制

图6-14 合理控制物流风险的措施

扩大电商企业的利润空间，推动资源节约型企业的创建。物流系统的持续优化是企业提升竞争能力与盈利水平的关键因素。

就目前的情况而言，中小跨境电商企业规模相对较小、资金薄弱且专业化程度较低，难以自建国际物流专线。这时候，选择与其他中小跨境企业联盟就显得尤其重要了。在保证出货量充足的同时，通过与国际物流公司合作，定制合适的物流专线，即可享受物流的优化服务及货运折扣。在中小跨境企业高度集聚的制造中心采用这种模式，可大大提高联盟运营的可操作性，节约成本。

此外，中小跨境电商企业应正确执行物流成本管理的基础任务，完善物流成本的管理体制，采取专业有效的物流管理体系，吸收先进的物流管理方法并切实结合企业自身的实际情况，树立物流成本观念，采取全程供应链管理，制订运输计划，重视对物流仓储的管理，通过减少物流运输环节来降低运输成本。

4. 优化信息管理系统，改善物流基础设施

随着经济全球一体化趋势的日益加强以及现代化科学技术的蓬勃发展，现代物流作为一种拥有先进管理理念的复合型产业，被广泛地认为是企业除降低物耗、提升生产效率以外的第三利润源泉。在这一环境下，企业应该紧跟时代发展潮流，进一步引入第四方物流，制定适合企业自身的专业物流解决方案，改善物流基础设施，加强对物流业务的维护和管理，并利用第四方物流先进的电子信息系统，对物流业务进行有效监控，实现对物流配送流程的严格管理，提高物流运输效率。

5. 多方合作，建立海外仓

对于如何优化海外消费者的购物体验以及增加其购物的黏性，最直接有效的方式便是提高物流及时性和服务水平，其中最便捷有效的方式就是建立海外仓。以当前的状况来看，不仅有不少跨境电商平台在关注、筹备以及推广海外仓，而且还有很多跨境电商卖家正在积极寻求各种海外仓资源，建立海外仓已逐渐成为跨境电商未来的主要趋势。

因此，中小跨境电商企业可以尝试与国际物流公司进行合作，积极建设海外仓，简化物流运输流程，从而大大减少消费者从下单到妥投的时间，实现对货物的实时监控与全面管理，给予消费者更优质的购物体验。

跨境企业通过海外仓的形式，将货物在境内集货后统一运送到目的地国家的仓库，再由国外仓库直接配送到消费者手中，不仅可以提高包裹的时效性及可视性，而且大大减少了转运流程，有利于规避包裹在运输中的破损与丢包风险。

此外，跨境企业还可以利用海外仓库建立的信息管理平台，对货物的境外物流情况进行实时追踪与管理，从而优化企业的物流管理系统，减少员工精力与物资的消耗。

6. 创新物流发展项目，健全相关法律法规

随着全球经济的快速发展，跨境企业之间的竞争愈演愈烈。此时，创新物流发展项目成了众多跨境企业寻找新出路的必要条件。为能够在激烈的市场竞争中取得胜利，企业应敢于突破自身局限，革除旧思想、旧体制，创造更多能满足跨境市场需要的新思想、新体制。

目前，缺乏规范化管理是制约中小企业跨境物流发展的一大痛点，企业亟需整合内外部仓储资源，构建出全球覆盖的物流网和新型的组织运作模式，从而做到有效提高互联网运营水平以及跨境物流的整体运作效率。

此外，我国应积极与其他国家协调，尽快建立健全符合当前企业发展情况的法律法规，推动跨境物流产业链的战略导向，减少各国间的贸易壁垒，适当减免关税以保障跨境产品的顺利通关，提高物流供应链的能力和效率，实现企业之间物流信息的优化共享，为跨境电商的发展营造一个良好的市场环境。

第四节　海外仓建设

海外仓是中国企业海外布局的关键一环，在该模式下企业的出口产品拥有价格和时间优势。支持企业建设一批出口产品海外仓，既能推动企业发展外贸商业模式的创新，也是实现外贸稳步增长和优化升级的一项重要部署。

一、建设海外仓的优点

解决以往物流成本高昂、配送周期漫长问题的唯一方案，就是在海外设立仓库。选

择海外仓模式,好处很多,如卖家可以在线远程管理海外仓储,保持海外仓储货物实时更新,严格按照卖家指令对货物进行存储、分拣、包装、配送,且在发货完成后系统会及时更新库存状况。此外买家购买的货物从本地发货,更容易得到海外买家的信任,从而提升购买率。从这点来说,在外贸电商全交易链中,建设海外仓已经成为降低成本开支,提升客户体验的关键。告别传统的快递模式,走海外仓储物流配送模式,能在现有的交易规模上,通过成本缩减,大幅度提升卖家盈利水平。具体来说,建设海外仓具有图6-15所示的优点。

图6-15 建设海外仓的优点

1. 提升购物体验

海外仓直接本地发货,大大缩短配送时间;使用本地物流,一般都能在线查询货物配送状态,从而实现包裹的全程跟踪;海外仓的头程是采用传统的外贸物流方式,按照正常清关流程进口,大大减少了清关障碍;本地发货配送,减少了转运流程,从而大大降低了破损丢包率;海外仓中有各类商品的存货,因此也能轻松实现退换货。这些因素都会为买家带来良好的购物体验。

2. 降低物流费用

邮政大小包和国际专线物流对运输物品的重量、体积以及价值有一定限制,导致很多大件物品和贵重物品都只能通过国际快递运送。海外仓的出现,不仅突破了物品重量、体积、价值的限制,而且其费用比国际快递要便宜。

海外仓成为中国制造海外支点

随着跨境电商被提升至外贸增长新引擎的高度,鼓励企业出口的"海外仓"站上政策风口,成为中国制造的海外支点。

对企业而言，海外仓建设有利于降低成本。传统出口模式需经过外国进口商、外国批发商、外国零售商三个环节才能将产品送到消费者手中。建设海外仓可以让出口企业将货物批量发送至国外仓库，不仅扩大了产品品类、节约了成本，还减少了中间环节，实现了本地销售、本地配送。

　　此外，海外仓也是展示品牌、售后、咨询的窗口。据估算，海外仓物流环节成本较零售直邮方式可降低20%～50%，货运时间从20天左右缩短到3～5天。

　　对于监管而言，海外仓等跨境电商B2B模式可实现清关的规模化和规范化，有利于降低监管成本，提高通关效率，避免偷税漏税。

　　对于消费者而言，海外仓还能服务于国人"海淘"。例如，顺丰以其海外仓作为统一收货地址收货后，再集运回中国，不仅提高了商品流转效率，也降低了物流成本。

二、建设海外仓的缺点

　　凡事都是有利也有弊，建设海外仓有上述种种优点，但海外仓也不是万能的，具有图6-16所示的缺点。

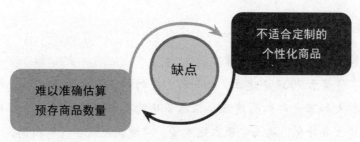

图6-16　海外仓的缺点

1. 难以准确估算预存商品数量

海外仓储是基于对未来商品销售情况的预期而建立的商品预存储，但由于市场是动态变化的，很难对目标市场的大小做出准确预计。如果预存过量，容易造成货物积压，不仅占压货物资金，还会产生仓储等费用，如果销售不佳甚至需要支付额外的退运费用。反之，如果预存过少，又会造成客户流失，影响跨境电商的销售业绩，海外建仓的优势就不存在了。

2. 不适合定制个性化商品

海外仓储要求预存一定数量的库存，如果是根据客户的个性化要求定制的商品，就无法提前准备货物，因此只有标准化的商品才适合海外仓模式。

三、海外仓的模式

海外仓是跨境电商物流模式中最有发展前景的模式,很大程度上解决了传统物流问题。并且,海外仓有着其他物流模式无法比拟的优点。海外仓打破了其他物流模式对于货物的重量、体积等的限制,突破"大而重"的发展瓶颈,扩大了运输商品种类。相比国际快递,海外仓的价格较低,可减少物流费用。

海外仓自身的优势特点将直接改善顾客的购物体验,以本地化服务吸引顾客,增加订单。国内公司纷纷大力投身海外仓,万邑通等海外仓巨头正不断扩大规模,顺丰等快递巨头开始发展国外物流,许多中小仓库也进行联合发展。目前来说,海外仓有图 6-17 所示的三种模式。

图 6-17　海外仓模式

1. 自建模式

自建模式是指卖家自己在海外建立仓库。

比如,兰亭集势于 2007 年建立,如今有一定的经济基础和经验,在发展过程中,随着市场规模的扩大和客户群体的建立,根据多年的销售经验,2014 年在欧洲建立仓库,2015 年在北美建立海外仓,从而实现本地发货,跨境物流效率得以提高,成本得以下降。

(1) 优势分析。自建模式具有图 6-18 所示的优势。

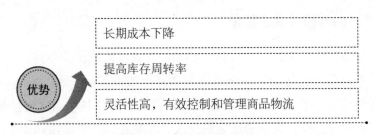

图 6-18　自建模式的优势

①短期内,建立仓库的费用较高。但自建仓库后,可以自主掌控所有商品的物流链和管理,控制产品的数量与分配,由此产生规模经济,长期来看可以大幅减少商品的成本。

②自建仓库后,可以加快商品发货以及配送,从而尽快收到消费者的付款,增加企业的现金总量,提高库存周转率。

③由于仓库为自主建设，所以进库、发货、配送都在其控制之下，消费者收货时间从一个月缩短至一个星期，消费者可以享受到本土化服务。

（2）劣势分析。自建模式的劣势如图6-19所示。

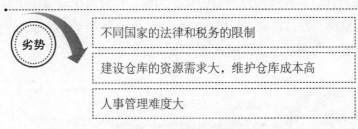

图6-19　自建模式的劣势

①自建海外仓，不可避免地要与欧洲、北美等国家的法律和税务打交道，在建仓过程中很难处理多种类商品配送过程中产生的法律和税务问题，难免受到当地的法律和税务的制约。

②自主建设海外仓需要建设的资金，建设完成后需要快递物流费用等，这些都要求电商企业资金雄厚且能够保证资金链的连续性。并且建造仓库的时间较长，仓库的日常运营费用高，企业管理者需要有极大的耐心以及魄力。

③企业在海外建立仓库，由于文化差异大，管理的难度较大，无论对于国外团队还是国内团队，使用本地化的管理手段和管理思路是必然的，这要求寻找合适又了解行业的员工。

2. 与第三方合作模式

第三方合作模式是指卖家与第三方公司合作，分为租用与合作建设两种情况。

比如，2014年，大龙网与俄速通在俄罗斯合作建设海外仓，同年8月，与印度物流商DTDC合作，由DTDC出资建立海外仓，由大龙网组织销售团队。一般情况下，这类仓库的建设水平较高，专业化程度高，能够满足跨境电商企业的商品仓储要求。大龙网只需将商品运送进仓库，经过扫描进入信息系统，与其系统相衔接，然后根据消费者订单便可以发货配送。

（1）优势分析。与第三方合作模式具有图6-20所示的优势。

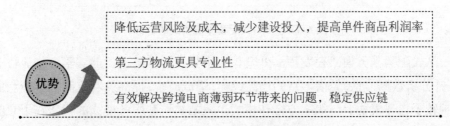

图6-20　与第三方合作模式的优势

①与第三方合作不仅可以直接减少前期自主建设仓库的资金投入，还可以降低运营仓库时的成本及风险。

②第三方公司通常更具专业性且经验更丰富，第三方的仓库能够提供更低的成本、更优质的服务，并且对自己国家的法律和税务更了解，能够有效规避相关风险。

③与第三方合作可以减少境外贸易的物流问题，有效减少成本，提高物流效率，将自己薄弱环节交给第三方，稳定供应链，从而将企业的重点转移到商品的营销方面。

（2）劣势分析。与第三方合作模式的劣势如图6-21所示。

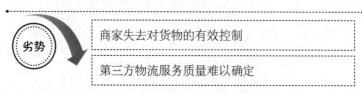

图6-21　与第三方合作模式的劣势

①电商企业一旦将货物运送到境外仓库，就会失去对货物的实际控制能力，如果货物出现破损、退换货等问题，在与第三方物流交涉时，将处于十分被动的地位。

②第三方物流工作失误不仅给卖家造成经济损失，还将给消费者留下不佳的品牌印象。关于订单的信息衔接若是不畅通，在处理客户的问题上易出现时效性问题，这将对企业造成极大的负面影响。

3.一站式配套服务模式

一站式配套服务模式是以海外仓为中心，为卖家提供整体的物流服务的模式。

比如，递四方就是一站式配套服务模式，公司旗下拥有多种物流产品和服务，可以全面覆盖仓储、物流服务，可以根据不同卖家的需求、目标市场的法律政策等提出针对性的物流方案，满足不同电商的个性化需求。

（1）优势分析。一站式配套服务模式的优势如图6-22所示。

图6-22　一站式配套服务模式的优势

①一站式配套服务模式在发挥海外仓核心影响力的基础上，能够整合物流行业的资源，收集并分析数据信息，凭借丰富的物流经验，降低成本，提高盈利空间，实现互利共赢。

②相较于自建模式、与第三方合作模式，一站式配套服务模式的优势在于它的特殊性，能够为不同的卖家量身定制不同的整体物流方案，同时提供有效的咨询服务。与此

同时，该模式也为境外的客户提供了本土化的服务，提升了购物体验。

（2）劣势分析。一站式配套服务模式的劣势如图6-23所示。

图6-23　一站式配套服务模式的劣势

① 跨境物流本身就包含复杂、棘手的环节与流程，一站式配套服务模式的目的在于为客户提供面面俱到的服务，但是在处理常规的卖家与物流公司的冲突方面并不擅长。

② 一站式配套物流模式需要根据卖家以及物流公司提供的数据制定方案，但是数据分析失误可能会导致方案的不适用，同时市场的变化难以预测同样可能导致失败，方案的重复制定浪费了时间、人力等资源。

 相关链接

不同海外仓模式的比较

1. 自建模式

自建模式灵活性最好，是其他的模式难以比拟的，但是其成本耗费与风险最高，所以适用于企业市场占有量大、实力强的大型跨境电商。拥有较好的品牌声誉、主要生产热销单品的大型外贸企业可以尝试自建海外仓。但这类企业所占比例较小，发展速度较慢。

2. 与第三方合作模式

与第三方合作模式相较于自建模式所需成本较少，风险较小，所以适用于市场占有量较小、实力较弱的中小型跨境电商。这类电商虽然已具有一定实力，产品销量可观，但无法独自建设仓库，大型的跨境电商也不会将仓库租赁给这类电商，因此需要借助第三方的力量，第三方物流更专业。选择这一模式的电商所占比例较大。

3. 一站式配套服务模式

从卖家角度看，一站式配套服务模式物流方案比较全面，风险与成本较低，适合处于起步阶段的跨境电商企业，或是缺乏物流管理经验、品牌影响力小的生产企业。全球市场广阔，许多卖家将目光瞄准海外，但初期经验等相对匮乏，借助该模式可以顺利开展国外业务，所以，未来这或是与第三方合作模式齐头并进的模式。

三种海外仓模式各有优劣，处于不同阶段的卖家，对于不同品类的商品、不同的目标市场，应该通过调查和研究，选择最适合自己的模式，海外仓模式的选择失误，或者战略失误，都将造成较大的风险与损失。

> 对于拥有一定资金规模和品牌信誉的企业，可以考虑自行建造海外仓。但对于中小企业，可以从高毛利的商品品类入手，积累资金，获得投资；或是选择与第三方合作，但要谨慎选择合作方。无论是任何规模的企业，都要对目标市场以及商品品类进行甄选，否则海外仓无法发挥其作用，风险较大。

四、如何选择海外仓

有的商家自建海外仓，但更多的商家选择了第三方海外仓，因为自建海外仓在没有达到一定量的情况下，运营成本会更高。要想在品牌林立的诸多物流服务商中寻找到一个满足自己需求的合作伙伴，跨境电商卖家可从图6-24所示的几个方面来衡量。

图6-24 选择海外仓的考虑因素

1. 跨国运输能力

物流服务商最好拥有一级国家货运代理资质，与其合作的承运商应具备较强的运输能力，从而保证物流周期的稳定性及运输质量，这样即使是在物流高峰期，商品也能够源源不断地运输到海外仓储中心。

2. 贸易清关能力

通常情况下，顶级的国际仓储公司拥有国际贸易经营资质，而且可以帮助其合作伙伴处理清关事宜。由于跨境电商所涉及的产品品类十分丰富，必须有强大的贸易清关能力作为支撑，这需要企业在符合各国海关监管政策的基础上，尽可能地缩短通关周期，并降低税收成本。

3. 仓储管理能力

由于我国目前的跨境电商产业仍处于发展初期，在物流成本方面的投入对于现阶段的各路卖家来说也是一笔不小的开支。跨境电商产业对商品仓储管理及订单响应有着极高的要求，而且每天又有大量的订单及退换货问题需要处理，这就对运营方的仓储管理能力提出了极高的要求。

第七章 跨境电商营销方式

【导言】

跨境电商应注重自身的营销运作,力求用较好的营销模式占领市场,维持企业的健康稳定发展。

第一节　品牌营销

未来,品牌化将成为跨境企业的重要出路。随着跨境行业发展的深入,低水平同质化竞争难以为继,品牌化则以其自主性和溢价能力,成为行业公认的出路。

一、品牌的概念

品牌,顾名思义就是品质的牌照,当然品质不只是指产品的质量,还有服务的质量等。而平常说的品牌,简单地讲是指消费者对产品及产品系列的认知程度。还有人对品牌有这样一种解读,即品牌是人们对一个企业及其产品、售后服务、文化价值的一种评价和认知,是一种信任。

二、品牌营销的好处

品牌已是一种商品综合品质的体现和代表,对于跨境电商企业来说,品牌营销能带来图7-1所示的好处。

图7-1　品牌营销的好处

1. 能给跨境电商带来价格优势

跨境电商实施自主品牌营销,与传统外贸相比,最直接的好处是能给电商带来价格方面的优势,实现利润增长和自身长久发展,主要表现在以下几个方面。

(1)跨境电商利用电商平台销售能节省各种广告费用以及实际参展费和促销费,以降低境外客户的购买成本。

（2）在电商平台上销售的自主品牌产品由于附加品牌价值和服务，一般要比中性无牌产品的价格高 30%～40%，甚至更高，而代售其他知名企业的 OEM 产品只能获取一定比例中间费用，利润空间非常有限。

（3）由于电商平台的多数买家是最终消费者，缩减了许多中间环节，能获得比传统外贸成交价高许多甚至是翻倍的价格，有效地将部分中间商费用成本转化为跨境电商自身利润的一部分，让利于最终消费者，建立其消费信心。

（4）更为重要的是，跨境电商在保持品牌价格优势的时间上也比中性无牌和代销 OEM 产品更持久。

2. 有利于跨境电商企业提高竞争力

跨境电商实施自主品牌营销，有利于提高竞争力，主要表现在以下几个方面。

（1）有利于增加最终用户的让渡价值，培养忠诚客户。让渡价值指客户在购买电商产品时获得的总价值与付出的总成本之间的差额，跨境电商的自主品牌产品由于成本降低让利于客户，提升了客户的让渡价值，从而获得客户的认同，使跨境电商获得竞争优势。

（2）在各种纷繁复杂的电商平台上，展示同一类产品的跨境电商少则几家，多则几十上百家，增加了境外购买者对这类产品的购买选择，使其决策变得犹豫。而在线的品牌产品往往会比中性无牌产品对客户吸引力更大，随着购买数量的增加，将积累更多的在线好口碑，从而突出了品牌营销的优势。

（3）跨境电商通过电商平台的窗口，实施自主品牌营销，赋予电商企业独特的品牌文化价值和情感内涵，加上周到的客户管理服务和有竞争力的价格，能提高客户对本企业品牌产品的体验性价值。

（4）品牌的推广营销有利于跨境电商不断增强自身实力，向高层次和规模化扩张。依托知名电商平台，跨境电商通过品牌营销手段，可从某一单一品牌产品向系列化品牌产品发展，进而建立起自主品牌旗舰店，经过长期营销的积淀，从寄居的其他电商平台抽身而退，通过品牌这一营销手段而最终建立自己的品牌电商平台。

3. 能促使出口企业经营方式转型

与传统贸易相关的信息、物流、资金已由买卖双边向多方向或网状结构模式发展，这促使更多的出口企业从传统外贸参与跨境电商的业务中，在线直接面对更多的最终消费者，以了解消费者对产品以及品牌等附加值的需求，在竞争中完善专业服务水平，使企业转变营销方式，提升风险应对机制。实施品牌营销，可以使跨境电商打破传统外贸的 OEM 困境，实现其海外市场的品牌突破，促使其从单一传统外贸营销方式向传统外贸和跨境品牌电商并存的综合营销方式转变。

相关链接

电商企业如何建构品牌

电商企业在建构品牌时，应该从以下几个维度进行考量。

1. 确定统一、清晰、易记的品牌理念是第一步

其中，品牌理念不只是企业的logo和slogan（标语），它更多是强调品牌的内涵，即让消费者为之动容的品牌背后的故事。

2. 让消费者记住并喜欢这个品牌

在确定品牌理念后，企业需要通过品牌营销将其传递给消费者，让消费者获得深度认知，记住并喜欢上这个品牌。

3. 让获得品牌认知的消费者对品牌形成忠诚度

这就需要回归到品质本身。跨境电商一定要保障产品和服务的质量，不辜负消费者的信任和期望，才能让消费者转为忠实的粉丝。

三、品牌营销的策略

跨境电商在高速增长的同时，一些问题也反映了出来，尤其是中小跨境电商急剧增加，价格竞争导致利润率持续下滑以及销售服务水平欠缺等。面对这些，发展自主品牌，才是跨境电商企业长久生存的"王道"。说起来简单，做起来难，那么自主品牌营销要如何进行呢？跨境电商可以参考图7-2所示的营销策略。

- 打造好跨境电商服务团队
- 做好产品和服务
- 选择好的电商平台或发展自身电商平台
- 选择灵活畅通的物流公司
- 选择完善的支付系统
- 与境外电商和媒体合作，实现品牌产品销售的本地化

图7-2 品牌营销的策略

1. 打造好跨境电商服务团队

跨境电商首先要提高品牌意识、打造好服务团队，才能在营销中发挥品牌影响力。一个功能齐全的电商团队应该具备平台操作、产品开发、营销手段、物流选择、客服处理等综合能力。当前许多跨境电商团队，在平台操作、产品、销售方面有较强处理能力，而在品牌营销、境外销售渠道、售后服务等方面相对较弱。

因此，电商团队可通过培训、电商交流会以及借鉴境外电商的做法，在品牌营销方面增强自己的实力，具体措施如图7-3所示。

从自身实际出发，在主要消费群体购买国和地区注册后，利用自身团队实施在线营销和线下品牌建设相结合的策略

当在线营销累积一定基础的口碑后再对境外主要市场进行细分，引入境外当地合作电商实现品牌本土化

实施主要国家和地区的品牌产品分销策略乃至全球分销策略，从做好B2C逐步发展到后来的B2B2C模式

图 7-3　电商团队提高品牌营销能力的措施

2. 做好产品和服务

与传统外贸相比，境外买家的采购特点是次数多、数量少、收货时间短，涉及产品质量和服务的每个细节都可能被买家反馈到电商平台上，这些累积的反馈口碑关系到跨境电商之后的销售。许多传统外贸企业习惯做交货期少则15天多则几个月，成交数量多、金额从几千到数万美元甚至更大的订单。在转型做跨境电商时，由于惯性思维，难以对原有的操作方式做出改变，不能满足境外买家的实际需求。

因此，跨境电商在经营品牌产品时，在经营观念上要灵活开放，为更多境外中小买家提供符合实际的采购服务。

3. 选择好的电商平台或发展自身电商平台

在选择电商平台或发展自身电商平台时，跨境电商要注重以下几点。

（1）在选择其他电商平台开店铺或发展自身平台时，要坚持以买家优先为原则，通过销售快速地形成自身品牌口碑，可借鉴亚马逊坚持以客户为中心的做法，把客户的购买体验留在产品销售页面上，形成产品的口碑。

（2）注重平台对品牌产品的专业经营，避免不同类别产品混在一起形成大杂烩。不管是在亚马逊和eBay开跨境店铺，还是企业自开B2C网站，在经营品牌产品时应保证专业化。

（3）在平台上针对自己的品牌产品细分不同的境外市场，以适应不同国家和地区对自己同一品牌产品的不同需求。

比如，由于客户的需求不同，某品牌手电筒在针对海洋国家如澳大利亚和新西兰的潜水爱好者时，应着重介绍防水性能，而对内陆国家的户外运动爱好者，则应重点介绍防震耐摔功能。

4. 选择灵活畅通的物流公司

跨境电商应根据所经营的品牌产品和境外买家的分布特点，选择灵活畅通的物流公司进行配送，以最快捷的方式将货物送到买家手中。在销售利润允许的前提下，尽量选择国际知名快递公司。

> **小提示**
>
> 选择国际知名快递公司，不但可以使买家快速收到所买的货物，而且也可以使买家体验到跨境电商的实力和品牌服务。

对于货物数量相对较多、客户收货时间不那么急切的，跨境电商可以请马士基等国际海运公司运送。而对于小包裹、所售货物价值低于国际快递费而买家收货时间又急切的，可以选用诸如PayPal与北京邮政联合推出的"贝邮宝"、顺丰的"海购丰运SFbuy"、东航的"东航产地直达"等物流配送方式。这些配送方式不但费用和送货时间能满足卖家要求，而且买卖双方可实时查询包裹的运行状态。

5. 选择完善的支付系统

在支付方面，在保障收款安全的前提下，可采用信用卡、银行转账、第三方支付等多种支付方式以满足不同买家的付款需求，应选择用户使用广泛、货币使用种类多的支付方式，如电子汇兑。

比如，西联汇款，拥有大量用户，能支持百余种货币的支付。

6. 与境外电商和媒体合作，实现品牌产品销售的本地化

跨境物流配送使买家收货时间长，难以让其实现轻松退换货，使得跨境电商无法有效地与境外同类电商进行竞争。

（1）与境外电商合作。跨境电商应尝试与境外电商合作，在主要销售国家和地区建立站点和物流仓库，实现即时线上接单、即时线下境外仓库发货，让买家快速收到货物，实现退货和换货自如，从而实现跨境销售本地化，极大地提升买家的跨境购物体验，增

强跨境电商在海外市场的竞争力。

传统外贸企业在转型跨境电商时，可以与原来的国外客户合作，建立当地站点和物流仓库，以传统外贸方式将货物运输到境外仓库后，再到电商平台销售品牌产品，从境外仓库发货至用户。这样企业不但可以享受到传统外贸的各种便利操作和优惠政策（如出口退税），而且可以使跨境销售变得更为简单。

（2）与境外社交媒体合作。另外，跨境电商应注重与境外社交媒体合作，具体措施如图7-4所示。

通过对品牌产品的发帖、测评、用户讨论等方式实现对品牌产品的推广

通过各种渠道收集买家对于同类产品在性能、设计、缺点方面的反馈信息，以帮助跨境电商及时改进产品，迎合用户的需求，获取更大的市场份额，从而实现品牌产品销售的本地化

图7-4　与境外社交媒体合作的措施

随着跨境电商的进一步发展，无论是重视品牌的欧美市场，还是金砖国家的新兴市场，都对中国跨境电商的品牌十分期待，而部分跨境电商的自主品牌进入国际市场也取得了成功。

比如，2009年我国自主品牌"赛尔贝尔"通过敦煌网等平台的推广实现了巨大的成功；2012年"ZOPO 卓普"品牌，通过跨境电商平台仅用3个月的时间，就将品牌推广到欧洲，并进入美国市场。

这些自主品牌营销的成功对避免价格战、同质化竞争、提升跨境电商价值以及可持续发展具有重要意义。

相关链接

跨境电商品牌出海应考虑的问题

回顾2017年，无论是政府政策还是电商平台都在鼓励引导中国品牌走向海外。

杭州义乌等地政府对销售自主品牌的企业都有资金扶持。在平台方面，亚马逊一直非常重视推动中国品牌出海，不管是从"我要开店"升级到"全球开店"，还是严格审核个人注册，都是在推动平台往品牌化、高质化方向发展；而速卖通实行的品牌封闭管理，也是意在推动平台的品牌升级。但是，作为从事跨境出口电商的你，在品牌出海这件事上请务必要认真思考，要明白品牌的定义是什么、是否有必要将产品品牌化、品牌化的节奏要如何把握等问题。

1. 认清品牌

很多企业以为找代工厂生产，再贴上自己公司 logo 的产品就算是品牌了，但这远远谈不上品牌。

从跨境电商的角度来看，一个成功的品牌，至少包含以下两方面。

第一，具有较高的品牌溢价能力。一个没有品牌溢价能力的产品，无法带来较高的利润以弥补在研发、管理、营销方面的投入。

第二，对渠道的控制能力。亚马逊平台由于是以产品为主导的，加上平台定位的关系，十分适合想做品牌的企业。

目前中国跨境电商出海的首选渠道之一依然是亚马逊，但这也导致了很多品牌对亚马逊渠道非常依赖，甚至离开亚马逊平台根本无法销售。但作为一个成功的品牌，其销售渠道应该是立体全面的，不管是在线上的亚马逊，还是在线下的沃尔玛、好市多，都要能得到消费者的认知和认可。

2. 认清自身

企业是否要将产品品牌化，还是要回到企业本身。

一方面，跟企业背景有关系，包括创始人的背景、资本背景等。创始人愿意放弃海量铺货这种低利润但来钱快的模式，下决心转变模式，是决定企业做品牌获得成功的因素之一。

另一方面，创始人的能力问题。比如 Anker 的创始人大多是谷歌工程师，相比国内传统外贸转型做电商的人，他们更懂搜索算法、SEO 推广等，所以 Anker 品牌在站外推广营销方面一直做得非常好，品牌的认知度也比较高。

还有一个非常重要的因素——资金。在做品牌的前期，需要非常大的资金投入，包括对品控的管理、营销的投入、人才的招募等。但由于品牌培育需要一段时间，这段时间企业的毛利和净利都在下跌，甚至会亏损，如果没有足够的资金支持，对企业来说是非常困难的。

3. 品牌化节奏

（1）谈到品牌化的节奏，首先应规划好品牌方向，寻找切入点。优先考虑在海量的品类里面选择高度垂直而且可横向扩张的品类。

（2）确定品类之后，要回归产品本身，从品质管理、工业设计、供应链管理方面去完善，这方面的投入需要综合考虑资金、消费者习惯以及产品属性。

（3）最后是做好营销推广的工作，前期为了快速带动销量，可以先做效果广告，后期品牌有一定用户基础后，可以重点做品牌广告。

尽管从长远的角度来看，品牌化的大方向是企业未来发展的选择之一，但是回到企业本身，品牌化的道路是漫长且充满风险的，企业要思考的是如何更好地生存，如何生存得更久,切不可盲目跟风去做品牌。但如果有决心、有资金、有好的产品,那不妨在品牌化的道路上做一些探索。

四、品牌推广的误区

泽宝、Anker 等跨境电商标杆性企业在海外品牌推广的成功,充分说明中国跨境电商企业海外品牌化之路完全行得通,而问题关键是找到正确的方法和渠道,避免在一个误区里越陷越深。目前,跨境电商企业在海外推广品牌时会面临图 7-5 所示的几个误区。

图 7-5　品牌推广的误区

1. 品牌定位

准确的品牌定位,是品牌推广成功的一个关键前提。而在品牌定位上,不少中国企业都会犯忌——品牌定位"中西合璧",不伦不类。

通过跨境电商渠道出海的中国企业,有很多都是此前在中国国内市场上发展得不错的品牌,品牌本身可能会融入很多的中国元素、技术。也正因为在中国市场的成功,部分企业便理所当然地认为将中国市场的模式复制到海外市场上也一定可行。但实际情况却是,海外受众的习惯、喜好有别于国内消费者,所关注的重点也不同,所以中国式的品牌定位并不能为海外消费者所接受。

这样的品牌定位可能在起步阶段效果还不错,因为可以首先抓住海外市场的华人消费者,但同时这样的模式也有很大的弊端,那就是难以继续提高市场的占有率,难以真正融入海外本土消费市场中。

2. 卖点体现

从品牌定位延伸出去,便是中国企业对于产品本身卖点的打造。

不少中国跨境电商企业,或是传统工厂转型跨境电商的卖家,因为不了解海外本土消费者对于产品关注的重点,即便是产品本身品质上乘,服务一流,但还是难以打动海外当地的消费者。

比如,充电宝的使用,无论是在国内还是在国外都是非常普遍的。中国的消费者可能更喜欢白色、浅色或是款式比较小巧的充电宝,但如果以这样的选品思路进入欧美市场,尤其是美国市场,便会出现很大的问题——美国消费者更倾向于购买黑色的、容量大的充电宝,品质过硬和外观朴素的充电宝在美国市场上反而销售情况更佳。

除了品牌定位以外,产品的卖点和风格对于企业的海外品牌推广同样重要,产品品质好是一方面,关键是产品强调的卖点应是海外本土消费者所看重的。

3. 品牌展示

品牌展示方面的误区,即不符合海外本土消费者的审美。

(1)品牌的名字展示。品牌展示也可以分为多个层面来讲,最基本的就是品牌的名字——许多中国企业会用拼音作为品牌的名字,这样的名字在中国国内比较有辨识度,但走出国门到了海外市场,很多读音对于海外消费者而言是比较难读的,这在一定程度上就限制了品牌的传播。

比如,"g""x""z"等,国外很多人连准确地念出来都很困难,更不要提去传播这个品牌。

(2)品牌展示的设计层面——logo 的字体、颜色、风格。在品牌展示的设计层面,比如国内的过度修图,也许外观看着不错,但在海外消费者看来就可能修图过度或过于浮夸,这也是国内、国外在审美上的一个比较大的区别点。国内可能比较喜欢把一些设计做得很炫酷,但这样的设计在海外消费者眼里可能就是华而不实,他们往往更喜欢朴素、简约的风格,能够凸显品质的设计。

比如,电商平台上的展示图,海外消费者希望看到的不是渲染图,或是有严重修图痕迹的模特图,他们更希望看到一些类似于本土普通人的展示图、场景图,这样能够更有代入感,可以更全面地了解产品、了解品牌。

> **小提示**
>
> 电商强调的就是流量和转化,电商企业如果能在品牌展示方面做到国际化,可以很快地跳出一些激烈的竞争,并可以很快地和海外本土品牌平起平坐。

4. 沟通渠道

难以和海外消费者进行有效沟通,是当前挡在不少跨境电商卖家面前的一个障碍。

比如,对于差评的处理,在亚马逊上大多数卖家都会选择进行模板化的邮件回复,通知消费者联系某某邮箱,去进行接下来的退换货工作。

其实,不管消费者留的是好评还是差评,都是跨境电商卖家、企业展示自己的一个机会。特别是当前,有些电商平台上的好评如出一辙,所以有的消费者更喜欢看差评,以此了解产品的缺陷。这时如果跨境电商卖家能够及时解决差评反映的问题,给消费者一种认真负责的态度，反而更能得到消费者的青睐。

当前，跨境电商卖家与消费者之间可以及时进行一对一联系，如利用阿里旺旺。不管是通过社交媒体渠道还是打电话，能够及时快捷地解决消费者的问题，才是关键所在。

第二节　电子邮件营销

电子邮件是跨境电商卖家与国外买家进行交流的重要媒介，利用电子邮件，卖家可直接、快速地对买家进行精准营销，只要是跨境电商企业，或多或少都会利用这个营销工具。

一、电子邮件营销的因素

电子邮件营销（E-mail direct marketing,EDM），是在用户事先许可的前提下，通过电子邮件的方式向目标用户传递价值信息的一种网络营销手段。电子邮件营销有三个基本因素，如图7-6所示。

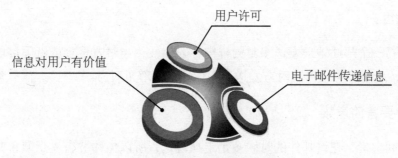

图7-6　电子邮件营销的因素

二、电子邮件营销的特点

电子邮件营销是利用电子邮件与受众客户进行商业交流的一种直销方式，具有图7-7所示的特点。

图7-7　电子邮件营销的特点

三、电子邮件营销的原则

随着互联网竞争的不断增大,电子邮件营销在悄然间已经被很多人广泛应用,但是并不是每个人都用得那么好。电子邮件营销是有技巧的,想要做好电子邮件营销并抓住客户,应该遵循以下原则。

1. 及时回复

在收到邮件的时候,要养成顺手回复的习惯,即使是"谢谢,来信已经收到"也会起到良好的沟通效果。通常邮件应该在一个工作日之内回复客户,如果碰到比较复杂的问题,要过一段时间才能准确答复客户,也要先简单回复一下,说明情况。实在没有时间回复,可以采用自动回复邮件的方式。

2. 避免无目标投递

不能采用群发的形式向大量陌生邮件地址投递广告,因为这样不但收效甚微,而且损害公司形象。

3. 尊重客户

不要向同一个邮件地址发送多封同样内容的信件,当对方直接或者间接地拒绝接受邮件的时候,绝对不可以再向对方发送广告信件,要尊重对方。

4. 内容要言简意赅

客户时间宝贵,在看邮件的时候多是走马观花,所以信件要言简意赅,充分引起客户的兴趣,长篇累牍会使客户放弃阅读邮件。在发送前一定要仔细检查邮件内容,保证语句通顺,没有错别字。

5. 附上联系方式

邮件一定要有签名并附上电话号码,以免消费者需要找人协助时,不知如何联络。

6. 尊重隐私权

在征得客户同意前,不得转发或出售客户名单与客户背景。

7. 坦承错误

若未能立即回复客户的询问或寄错邮件,要主动坦承错误,并致歉。不能以没有收到邮件作为借口,这样会弄巧成拙,不但无法吸引客户光顾,反而会让客户心生嫌隙。

四、电子邮件营销的策略

由于人文环境因素的影响,国外使用电子邮件作为交流方式比国内更加普遍。那么面对与国内行为习惯、风俗文化不同的国外环境,跨境电商如何做好电子邮件营销呢?掌握图 7-8 所示的营销策略,将有助于跨境电商企业做好电子邮件营销。

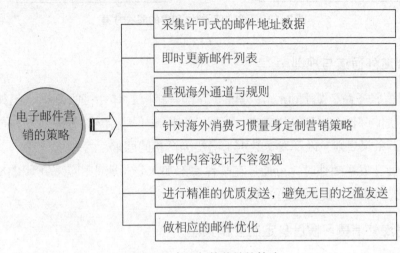

图 7-8　电子邮件营销的策略

1. 采集许可式的邮件地址数据

目前对于跨境电商来说,由于目标客户在海外,获得客户的邮件地址、个人信息这些数据比较困难,在没有专业指导的情况下,一些跨境电商企业病急乱投医,从外部购买和未经许可采集客户数据,这样做的后果有两个,如图 7-9 所示。

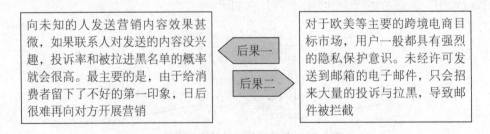

图 7-9　从外部购买和未经许可采集客户数据的后果

因此,跨境电商企业应采集许可式的邮件地址数据。

2. 及时更新邮件列表

如果不及时更新邮件列表会导致总体的客户数据质量不高,使发送到海外的邮件高硬弹回率、高软弹回率和低打开率，因此跨境电商应采取相应的解决方案，具体如图7-10所示。

```
┌─────────────────┐       ┌─────────────────┐
│针对客户数据按年龄、│ 方案一 │进行邮件地址去重、错误地│
│业等属性或高活跃度、│       │址删除等基础的数据更新工│
│高频率购买等维度进行│ 方案二 │作。向无效邮件地址大量发│
│细分综合管理      │       │送邮件，会增加发送成本且│
│                 │       │不能达到好的效果      │
└─────────────────┘       └─────────────────┘
```

图 7-10　及时更新邮件列表的解决方案

3. 重视海外通道与规则

海外邮箱服务商，如 Hotmail、Gmail 等都有相应的邮件接收规则，比如没有固定 IP 服务器发送的邮件会出现高拦截率。而且，海外 ISP（因特网服务提供方）在垃圾邮件、黑名单、投诉举报规则，以及发送数据上有更为严格的要求。

跨境电商在发送邮件时，可通过在邮件底部加入公司地址和隐私声明的链接，降低邮件被屏蔽的可能性，提升投递效果。

4. 针对海外消费习惯量身定制营销策略

根据不同国家和地区制定相应的营销策略。跨境电商企业需要对目标市场的文化、风俗和节日、特殊喜好、消费习性等了解清楚后，再参照用户的历史消费行为，去制定邮件内容及营销策略。

5. 邮件内容设计不容忽视

邮件内容是电子邮件营销的重中之重，这就要求跨境电商企业做好邮件的模板设计。在模板设计中，需要考虑图7-11所示的几点问题。

图 7-11　邮件模板设计的注意事项

6. 进行精准的优质发送，避免无目的泛滥发送

很多急于求成的跨境电商都会犯的错误是寄希望于庞大的数据量、频繁的邮件发送，以为这样可以促成交易，然而这造成电子邮件营销的不可持续性。想要提高邮件进入海外邮箱的概率，应进行精准的优质发送，避免无目的泛滥发送，具体解决方案如图7-12所示。

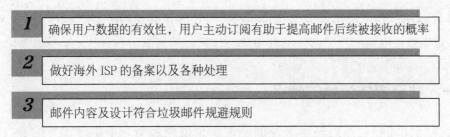

图 7-12　提高邮件进入海外邮箱概率的解决方案

7. 做相应的邮件优化

目前欧美有 30%～40% 的邮件是在智能手机上打开的,在邮件设计与制作中应用了自适应邮件技术,比如应用平台的自适应邮件模板,便无需进行 HTML 编辑操作,直接将文案"填空"即可发送,并自适应于 PC 端和移动端。邮件优化可以帮助跨境电商改进用户体验,提高用户的邮件内容点击率。同时,可利用数据挖掘及邮件营销智能化进行个性化邮件营销。

8. 把握发送时间和频率

企业在一天中什么时间群发邮件会更好?一个月中,群发邮件的周期和频率要怎么设定?数量上有什么讲究?作为跨境电商,在做电子邮件营销时,应该把握好时间规律,具体如图 7-13 所示。

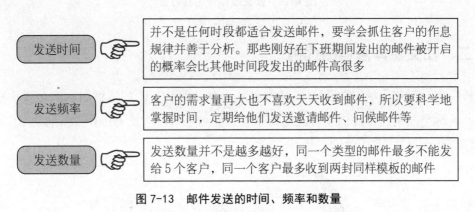

图 7-13　邮件发送的时间、频率和数量

第三节　社交媒体营销

社交媒体是人们彼此之间用来分享意见、见解、经验和观点的工具和平台,现阶段主要包括社交网站、博客、论坛、播客等,如 Facebook、YouTube、Twitter、Instagram、TikTok 等。

社交媒体营销是指企业使用社交媒体平台，如 Instagram、Facebook、Pinterest 等，作为营销工具，以接触广泛的受众并与他们互动，从而吸引新客户，达成营销的目的。

一、社交媒体营销的特点

社交媒体的崛起是近些年来互联网的一个发展趋势。不管是国外的 Facebook 和 Twitter，还是国内的微博，都极大地改变了人们的生活，将我们带入了一个社交网络的时代。

社交媒体营销具有图 7-14 所示的特点。

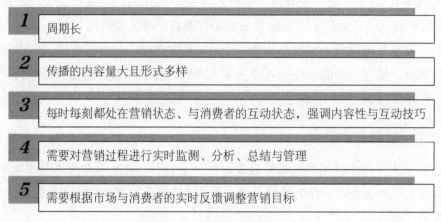

图 7-14　社交媒体营销的特点

二、社交媒体营销的优势

社交媒体营销具有传统网络媒体营销的大部分优势，比如传播内容的多媒体特性、传播不受时空限制、传播信息可沉淀带来的长尾效应等。对比普通网络媒体营销，社交媒体营销有着图 7-15 所示的优势。

图 7-15　社交媒体营销的优势

1. 可以精准定向目标客户

社交网络掌握了用户大量的信息，仅仅是用户公开的数据中，就有大量极具价值的信息。不只是年龄、工作等一些表层的东西，通过对用户发布和分享内容的分析，还可以有效地判断出用户的喜好、消费习惯及购买能力等信息。此外，随着移动互联网的发展，社交用户使用移动终端的比例越来越高，移动互联网基于地理位置的特性也将给营销带来极大的变革。通过对目标用户的精准人群定向以及地理位置定向，在社交网络投放广告自然能收到比传统网络媒体更好的效果。

2. 可以拉近企业跟用户的距离

互动性曾经是社交媒体相较传统媒体的一个明显优势。在传统媒体投放的广告难以获得用户及时的反馈，往往是先发布了广告或者新闻，然后才能看到用户的评论和反馈，想继续深入互动却难度很大，企业跟用户持续沟通的渠道是不通畅的。而社交媒体有了企业的官方微博，有了企业的官方主页，在这些平台上，企业和顾客都是用户，先天的平等性和社交网络的沟通便利特性使得企业和顾客能更好地互动，打成一片，形成良好的企业品牌形象。

此外，微博等社交媒体是一个天然的客户关系管理系统，通过寻找用户对企业品牌或产品的讨论或者埋怨，可以迅速作出反馈，解决用户的问题。如果企业官方账号能与顾客或者潜在顾客形成良好的关系，让顾客把企业账号作为一个朋友的账号来对待，那企业获得的价值是难以估量的。

3. 可以低成本地进行舆论监控和市场调查

随着社交网络的普及，社交网络的大数据特性得到很好的体现。而企业如果能做好社交网络的数据分析与处理，也能从中获得很大的好处。

首先，企业通过社交媒体可以低成本地进行舆论监控。在社交网络出现以前，企业对用户进行舆论监控的难度是很大的。而现在，社交媒体在企业危机公关时发挥的作用已经得到了广泛认可，任何一个负面消息都是从小范围开始扩散的，只要企业能及时进行舆论监控，就可以有效降低企业品牌危机产生和扩散的可能性。

其次，通过对社交平台大量数据的分析，或者进行市场调查，企业能有效挖掘用户的需求，为产品设计开发提供很好的市场依据。

比如，一个蛋糕供应商如果发现在社交网站上有大量的用户寻找欧式蛋糕的信息，就可以加强这方面的蛋糕设计开发。在社交网络出现以前，这几乎是不可能实现的，而现在，只要拿出些小礼品，在社交媒体上做一个活动，就会收到海量的用户反馈。

4.可以让企业获得低成本组织的力量

通过社交网络，企业可以以很低的成本组织起一个庞大的粉丝宣传团队，而粉丝能带给企业多大的价值呢？

比如，小米手机现在有着庞大的粉丝团队，数量庞大的"米粉"成为小米手机崛起的重要因素。每当小米手机有活动或要出新品，这些粉丝就会奔走相告，做足宣传，而这些，几乎是不需要成本的。如果没有社交网络，想要把"米粉"组织起来为小米做宣传，必然要花费极高的成本。

此外，社交媒体上的公开信息也可以使我们有效地找到 KOL（意见领袖），通过对 KOL 进行有针对性的宣传，可以收获比大面积撒网更好的效果。

社交媒体在营销方面的优势显而易见，但是同时也还存在很多问题，如社交媒体营销的可控性差、投入产出比难以精确计算等。不过随着社交网络时代的到来，社交媒体营销的体系也必然会逐渐完善。

三、社交媒体营销的策略

利用网络社交媒体进行营销是现在很多跨境电商采取的办法，其以成本低、能够锁定目标客户、交互性强、信息反馈完整等多种传统营销办法所不具备的优势为大家所欢迎，也有更多的跨境电商正在逐步试水社交媒体营销，希望能够在其中获取新的营销突破。那么，要做好社交媒体营销有什么策略呢？具体如图 7-16 所示。

策略一	社交媒体只是一个配角
策略二	利用网络社交媒体撬动和支持个人参与并投入活动中
策略三	利用网络社交媒体与客户建立情感关系
策略四	利用网络社交媒体来了解客户
策略五	利用网络社交媒体举办比赛等活动，提高品牌效应
策略六	利用网络社交媒体推出产品
策略七	利用社交媒体引导人们的谈话主题
策略八	网络社交媒体要做到可视化
策略九	利用社交媒体令消费者创造产品
策略十	最大化社交媒体活动的有效性，始终坚持"下一件大事"

图 7-16 社交媒体营销的策略

1. 社交媒体只是一个配角

一定要明确，运用社交媒体进行营销虽然有很多的优点，但它的缺点与它的优点同样多，最突出的一点就是其结果不可控，有可能花费大量心血最后只是竹篮打水一场空。因此，社交媒体需要配合系统的营销管理体系，并且其往往只属于系统的配角部分。

2. 利用网络社交媒体撬动和支持个人参与并投入活动中

网络社交媒体相对传统媒体最大的优势在于，其具有超强的交互能力。根据调查，当一个人对一个活动的参与度越高时，记忆越是深刻。传统媒体都是自上而下的广告，采取的是灌输式、教育式的营销办法，其交互性可以说是完全没有。

3. 利用网络社交媒体与客户建立情感关系

网络社交媒体还有一大优势就是客户黏性高，传统的营销方式不能够真正掌握客户，而网络社交媒体显然可以更加轻松地跟进客户。在当今服务为王的时代，利用社交媒体可以令你有机会对客户进行服务，从而促成下一次销售。

4. 利用网络社交媒体来了解客户

网络社交媒体还有这样的特点，就是反馈客户信息。传统的营销办法都是输出型，卖家很难了解客户的感受，需要专门进行市场调研。而网络社交媒体可以在营销的同时，甚至在产品生产之前便获得客户反馈，这样可以极大地提高企业的市场反应能力。

5. 利用网络社交媒体举办比赛等活动，提高品牌效应

举办比赛等活动并非网络社交媒体的专属，这种营销方式在很久之前就有了，如举办冠名运动会、慈善活动、演出等。那么网络社交媒体的优势是什么呢？即灵活。以传统方式举行的活动一般是大型活动，成本较高，需要大量专业人员支持，而网络社交媒体举办的线上活动可以很简便，推广起来也很轻松。

6. 利用网络社交媒体推出产品

这一招显然被当今的互联网公司运用得得心应手，在产品设计时发布条微博，产品生产时发布条微博，产品上市时再发布条微博……不仅可以博人眼球，而且成本很低。然而，这种办法已经被用得太多，企业未来再用这招时需要更加灵活。

7. 利用社交媒体引导人们的谈话主题

现在所谓的社会热点有一部分都是依靠着背后的推手进行的。这个策略需要企业慎重采用，稍有不慎很有可能越界，严重者甚至会违背道德、违背法律。

8. 网络社交媒体要做到可视化

这是 B2B 或 B2C 企业未来应该发展的方向，这些企业往往存在线上信息失真等问题，消费者购买东西的时候看到的照片及文字信息事实上都是经过处理的，商家为了自己的利益会在一定程度上美化自己的产品，事实上这对消费者是不公平的。可视化就是做到真实准确地反映企业产品信息，所见即所得。

9. 利用社交媒体为消费者创造产品

可以利用社交媒体来了解消费者，而如果要达到更高层次，那就是为消费者创造产品。传统的供应链形式是设计产品—生产产品—销售产品—市场反馈，事实上，当进入市场反馈的时候，一切都已经结束了。如果将市场反馈放在前端，就能极大地提高产品对消费者的吸引程度。

10. 最大化社交媒体活动的有效性，始终坚持"下一件大事"

在社交媒体上有这样一种现象：如果企业长期不开展活动，受众的热情很快就会冷却下来。因此，必须持之以恒地开展活动，增强与消费者的黏结度。有许多企业在社交媒体上看起来粉丝众多，但是长期不开展活动，粉丝活跃度很低，实际上其价值是打了很多折扣的。

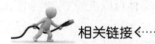
相关链接

社交媒体营销的误区

在移动互联时代，社交媒体营销对于各个企业来说变得越来越重要。像微信、微博给了各企业一个很好的平台，通过这个平台，能够将企业的概念、价值很好地传达给消费者。良好的第一印象是企业成功的关键点，给人留下的第一印象一般都是强烈且持久的，所以做任何事情都应该踏好第一步。因此跨境电商在营销过程中切勿陷入以下误区。

1. 创建太多账号

不要试图在每一个社交媒体上都建立账号。当然，活跃在多个平台是很重要的，但是需要注意的是，不应该在企业刚刚成长起步的时候。特别是一些小企业，在拓展业务之前选择一个社交媒体平台进行操作往往更容易也更有效。因为频繁创建社交媒体账号的举动根本无益于与消费者建立信任关系，也无益于企业的推广。

2. 缺乏社交媒体营销策略

如果一个公司缺乏社交媒体营销策略，那它将无法传递有效的信息。而且它与消费者的沟通也必将是脱节的、混乱的。所以企业进行社交媒体营销时，必须要掌握一定的社交媒体运作规则，树立一个可衡量的目标，还要制定一个定期发布日历。如果没有这些，你会发现自己只是在盲目地发布并且在削弱自身的企业价值。一个清晰有效的社交媒体营销策略，其价值就在于它能够使发布的内容有效吸引消费者并使其产生黏性。

3. 买粉

数量不能成就质量。企业的目标是获得用户信任，应注重用户的质量，而不应该只关注数量。成千上万的粉丝应该是企业拿时间和精力换来的。买粉可能会引起公众的强烈反感，试想一下，如果企业的真实粉丝发现了企业的买粉行为，他们还会忠实追随企业吗？他们对于该企业的诚信又会作何评价呢？

4. 没有正确使用标签

标签的使用可以在极大程度上提高企业的可见度，可以让更多的人更方便、更准确地找到企业发布的内容，从而提高企业的曝光率和可见度。

5. 没有好好进行审核

你是否曾经在微博上看到过错别字？是否在微博上读到过不通顺的句子？草率地编写、发布内容可能会使企业之前在社交媒体上的努力白费，所谓"窥一斑而知全豹"，常犯小错误，会让消费者觉得该企业不可靠。所以，在发布内容前，一定要进行审核，千万不要因犯些低级错误而给消费者留下不好的印象。

6. 缺乏与粉丝的互动

使用社交媒体的人会很高兴看到一些企业的回应。因为他们希望他们是在与人类沟通而并不是与机器人沟通。企业通过对一些热点的回应可以建立与消费者之间的信任与亲密关系，也可以帮助企业在消费者心中留下一个有趣、智慧的印象。

总之，企业千万不要陷入这些误区，以免导致社交媒体营销失败，并给自己的企业带来严重的伤害。企业需要不断做好细节，优化好每个细节，塑造良好的形象。

四、适合跨境电商的社交媒体

传统营销是销售导向的，即"将产品/服务信息传播给潜在的消费者"；现代营销是关系导向的，强调的是"与消费者的互动"。通过电视、广播、报纸等媒体，我们无法与消费者互动；通过搜索引擎营销，我们同样无法与消费者互动。或许，企业可以组织一些线下推广活动，实现与消费者面对面的互动。然而，这种线下营销不仅费用高，而且辐射面窄。现在，随着Facebook、Twitter等社交网络的繁荣发展，企业开始踏入互动式的关系导向型营销时代。

那么，有哪些社交媒体适合跨境电商营销呢？具体如图7-17所示。

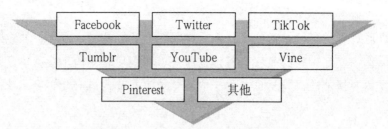

图 7-17 适合跨境电商的社交媒体

1. Facebook

作为闻名全球的社交网站，Facebook 每月活跃用户数高达 13 亿。此外，大约有 3000 万家小公司在使用 Facebook，其中约 150 万家企业在 Facebook 上发布付费广告。当前，跨境 B2C 巨头企业兰亭集势、DX 等都开通了 Facebook 官方专页，Facebook 海外营销受到了越来越多跨境电商从业者的关注。

卖家可根据需求，在 Facebook 上发布评论并分享产品的照片和新闻来获取流量，可以每天发布一次。邀请用户在品牌页面点赞是增加粉丝量最简单的方法之一。同时，还可根据性别、年龄、地点等受众特征投放 Facebook 广告，通过点赞、定期评论优质内容与粉丝进行互动以提高用户黏性，最终达到转化的目的。

相关链接

Facebook营销要点

Facebook 营销有四个要点：嘴甜，多留下一些肯定的评论、留言；脑转，多想多做，利用一些可以利用的资源；手勤，多加活跃人士，多加有影响力的知名人士；腿快，多到好友"家"里转转。那么具体该怎么做，有哪些要点呢？

1. 头像和个人资料

头像不要太商业化，广告性质太强容易引起人的反感。在填写 Facebook 个人资料的时候要注重突出产品或者品牌概念，个人资料需设置对所有人可见。

2. 写日志

写日志是在 Facebook 发表软文的最佳办法，要多注意原创，并在发布日志后利用分享和消息通知功能让好友看到最新的动态。

3. 状态

除了写日志，还可以发布状态。如果感觉状态不够引人注目，可多加点表情。

4. 产品推广

文字以简明扼要为好，切忌长篇大论，因为没有人愿意浪费大量时间在阅读文字

上。产品链接最好选择短链,因为长链看起来很乱,会给人不舒服的感觉。在语言特点方面,由于 Facebook 是社交网站,因此在描述内容时要有亮点,让好友喜欢或者分享或者点击,切忌语言过于平淡化。

2. Twitter

Twitter 是一家美国社交网络及微博客服务的公司,致力于服务公众对话。Twitter 可以让用户更新不超过 280 个字符的消息(中文、日文、韩语除外),这些消息也被称为"推文",Twitter 被形容为"互联网的短信服务"。

 相关链接

Twitter营销技巧

Twitter 是一个社交平台,所以跨境电商在使用 Twitter 时,首先要懂得与其他用户建立联系,吸引大量的粉丝,取得他们的信任之后再进行营销。在开展养号工作之前,你的 Twitter 账号要有初始定位,比如说:

①你的产品或公司品牌是如何定位的?

②目标受众的细分市场在哪里,谁又会是你开展营销活动的典型用户?

③目标受众在使用 Twitter 时,具有什么行为习惯,他们更偏爱于哪种形式的活动?

④他们感兴趣的是什么?自己有什么资源可以真诚地分享出来?

要让更多用户关注自己的店铺,需要学会 Twitter 的引流技巧,具体如下。

(1)完善个人资料

当用户进入你的主页后,个人简介会决定其他人对你的第一印象,也会决定你是否能快速引起他人的关注。个人资料应尽可能地包含你的品牌或店铺名,你的 Twitter 个人资料会被搜索引擎收录,因此个人资料内容应该与品牌或店名保持较好的相关性。

(2)持续发文

注册账号以后需要定时更新自己的 Twitter,让更多的人了解你,定期发文也会让系统认定你为活跃用户,会有更多的流量导入。但是不要一天发几十条,刷评模式容易导致其他人屏蔽你,每次发文的时候,建议使用图文结合的方式,因为配有图片的文案能够得到更多的关注。

有趣的内容、图片,配上激励人心的格言,更能赢得 Twitter 用户的喜爱。将用

户偏好和自身产品有效结合，发布相关内容，并且每天在 Twitter 上保持活跃，能快速吸引关注相关议题的人，同时提高品牌的能见度，增加用户购买的概率。

　　Twitter 的本质是社交网站，大家只会关注对自己有价值、感兴趣的事情和人，所以发布的内容不能太正式，要把用户当成你的朋友，给他们分享好玩有趣的东西，Twitter 营销文案应具有娱乐性。

　　（3）关注、点赞及转发

　　Twitter 也会根据这三个方面判断你是不是活跃用户。想让更多的人关注你，你可以先关注一些目标客户，多给他们评论或点赞，这样你的"推文"被别人发现和转发的可能性就会变大，评论的时候不要敷衍了事，要根据自己真实想法写评论。

　　（4）话题标签"#"

　　"#"在英文中指"hashtag"，即常说的话题标签。本来毫无关系的人可因为同一个标签而连接起来，共同参与 Twitter 上热门话题的讨论。添加话题标签有助于增加粉丝数量。

　　通过话题标签"#"参与流行话题和"造节"，可宣传产品或者为营销造势，例如圣诞节期间，用搞笑的圣诞老人、圣诞树等来吸引用户注意力，在图片中加入自己的产品，在文字中插入产品链接等。

　　（5）不定期活动

　　粉丝累积到一定数量的时候，要经常举办一些不定期的活动，向 Twitter 用户赠送礼品，他们自然会开始慢慢关注你的产品，最终成功转化为买家。

3. TikTok

　　TikTok 是发展最快的短视频社交平台之一，正迅速成为众多年轻人首选的社交平台。许多年轻人都会花时间在 TikTok 上，而且他们会很关注自己喜欢的 TikTok 达人。如果 TikTok 的达人推荐某一个产品品牌，那么其关注者（或粉丝）就很可能会注意到这个品牌，并产生购买此品牌产品的欲望。

　　（1）TikTok 的流量对跨境电商的重要性。TikTok 已经从具有社交基因的 SNS（社交网络服务）平台，摇身一变成为转化率极高的电商平台。在所有的手机应用平台上，其下载安装量遥遥领先，从这一方面可以看出 TikTok 目前在海外的影响力。

　　（2）充分认识 TikTok 的流量价值。TikTok 是一个非常适合跨境电商推广自己产品的短视频社交平台，卖家可以通过短视频来展示自己的产品，经过一些简单的处理就可以发布，从而触达潜在用户。跨境电商卖家也可以通过和 TikTok 上面的内容创作者（contentcreators）合作，并通过添加相关的热门标签（hashtag），将视频归类到相对应的标签之中，然后再经系统推送给相关目标用户。

4. Tumblr

Tumblr 成立于 2007 年，是微博客的一种，沿用了博客的形式，并演变成了一种意识流式的琐碎叙述，日志短小精练，出发点十分随意，可以是一张图片、一句话、一段视频等。

Tumblr 是全球最大的轻博客网站，含有 2 亿多篇博文。轻博客是一种介于传统博客和微博之间的媒体形态。与 Twitter 等微博相比，Tumblr 更注重内容的表达；与博客相比，Tumblr 更注重社交。因此，在 Tumblr 上进行品牌营销，要特别注意"内容的表达"。

比如，讲述品牌故事，比直接在博文中介绍公司及产品，效果要好很多。

有吸引力的博文内容，很快就能通过 Tumblr 的社交属性传播开来，从而达到营销的目的。跨境电商网站拥有众多的产品，如果能赋予产品一些品牌故事，或许就能够达到产品品牌化的效果。

5. YouTube

YouTube 在全球范围拥有超过 20 亿活跃用户，为跨境电商独立站品牌卖家的引流和营销提供了一片沃土。更值得一提的是，独立站商家并非必须在 YouTube 上投放大量付费广告，只要视频质量高、频道做得好，就会吸引大量潜在消费者主动关注。

YouTube 是全球最大的视频网站之一，每天都有成千上万的视频被用户上传、浏览和分享。相对于其他社交网站，YouTube 的视频更容易带来病毒式的推广效果。

因此，YouTube 也是跨境电商不可或缺的营销平台。开通一个 YouTube 频道，上传一些幽默视频吸引粉丝，通过一些有创意的视频植入产品广告，或者找一些意见领袖来评论产品，都是非常不错的引流方式。

相关链接

YouTube 如何利用视频引流

YouTube 是全球最大的视频社交网站之一，每日视频观看累计时长超过 3 亿小时，受众范围广，YouTube 视频营销也是跨境电商重要的营销推广方式。卖家把产品链接插入他们的 YouTube 视频描述里，一方面看到视频的观众可以直接点击链接进入产品页从而购买产品；另一方面，由于 YouTube 是谷歌旗下的产品，YouTube 视频下的产品链接极易使产品被谷歌收录，从而使产品在谷歌搜索中的排名提升。

1. 视频营销通用原则

（1）以观众为中心。观众想知道什么（买家需求）？我们要向观众传达什么？

（2）内容是"王道"。视频一定要提供有价值的信息，所以产品展示一定要突出卖点和亮点。

（3）怎样开始很重要。不管是提供解决方案、提出问题、用故事引入、简单的自我介绍、还是直接进入正题，都要做到一开始就引起观众的兴趣。

（4）语言简单且口语化。用和观众谈话一样的方式进行，不要太严肃或太正式，幽默的视频容易获得高播放量。

（5）呼吁观众行动起来。表明自己需要他们的肯定和建议，主动呼吁观众点赞或发表评论，提醒他们通过描述框里的链接去访问店铺或购买产品。

2. YouTube常见的营销视频类型

在营销的第一个阶段，目标客户对卖家和产品并不熟悉，因此卖家在这一阶段的目标就是通过创造娱乐体验、用户教学、达人推荐，提高视频的曝光度和品牌的影响力。以下是几种视频类型案例。

（1）教学型视频。"how-to"教学型视频是常见的视频营销形式之一，卖家可以在这类视频中演示目标受众可能感兴趣的操作，并利用分步骤说明带入产品。

如果卖家正处于初步尝试的阶段，那么教学类视频就是很好的选择。因为卖家所拥有的产品知识对很多消费者而言是专家级别的建议。而这也是创建和品牌相呼应的内容的简单方法之一。

卖家应注意视频时长问题，但如果主题需要，可以适当延长时间。教学类视频通常较长，平均长度约为7分钟。

（2）娱乐类视频。娱乐类视频大都需要团队的配合，但这类视频往往可以引起广泛的传播。幽默、有趣或令人惊叹的视频都可以很好地吸引用户。

（3）达人推荐类视频。让潜在的目标新用户了解品牌的最简单方法之一就是利用达人推荐类视频。这类视频比直接广告拥有更好的效果，因为它是由YouTube上的达人进行推荐的。

（4）产品测评视频。产品测评视频类似于产品视频，但通常情况下不那么正式和精致，并且更有种"接地气"的感觉。

但有一种意外风险，这些专业测评视频在分析产品的优点同时也指出了产品的不足。因此卖家需要对该类视频的投放时机做好把控，最好将视频引向已经对产品有兴趣的客户。

（5）再营销视频。在用户访问卖家的网站后，卖家可以向他们展示与其感兴趣的产品相关的YouTube广告。

6. Vine

Vine 是 Twitter 旗下的一款短视频分享应用，在推出后不到 8 个月的时间，注册用户就超过了 4000 万。用户可以通过它来发布长达 6 秒的短视频，并叫添加一点文字说明，然后上传到网络进行分享。社交媒体平台 8thBridge 调查了 800 家电子商务零售商，其中 38% 的商家会利用 Vine 短视频进行市场拓展。

对于跨境电商，显然也应该抓住这样的一个免费平台，即通过 Vine 进行 360 度全视角展示产品，或利用缩时拍摄展示同一类别的多款产品，也可以利用 Vine 来发布一些有用信息并借此传播品牌。

比如，卖领带的商家可以发布一个打领带教学视频，同时在视频中植入品牌广告。

类似的应用还有 MixBit，由 YouTube 创始人赫利和陈士骏创办；此外，Facebook 旗下的 Instagram 也开发了短视频功能。

7. Pinterest

Pinterest 由美国加州帕罗奥多的一个名为 Cold Brew Labs 的团队创办，于 2010 年正式上线。

Pinterest 是全球最大的图片分享网站之一，其网站拥有超过 300 亿张图片。跨境电商很多时候要依靠精美的产品图片来吸引消费者，卖家可以建立自己的品牌主页，上传自家产品图片，并与他人互动分享。

2014 年 9 月，Pinterest 推出了广告业务。品牌广告主可以利用图片的方式，推广相关产品和服务，用户可以直接点击该图片进行购买。Pinterest 通过收集用户个人信息，建立偏好数据库，以帮助广告主进行精准营销。因此，除了建立品牌主页外，跨境电商网站还可以购买 Pinterest 的广告进行营销推广。与 Pinterest 类似的网站还有 Snapchat、Instagram 以及 Flickr 等。

相关链接

Pinterest营销技巧

Pinterest 是目前全球最火爆的图片分享网站之一，有来自世界各地的图片分享者，也会有很多公司在上面进行商业化分享，宣传公司产品。那么在 Pinterest 上营销有什么技巧呢？

1. 营销策略中最重要的组成部分是图片。
2. 目前的主流用户群体是 25～55 岁的女性。
3. 与其他社交媒体平台链接。

> 4. Pinterest 是社交图片网而不是图片储存站。
> 5. 数量真的很重要——新产品出来了就要上传。
> 6. 你不是在推广产品,是在推广一种生活方式。
> 7. 发动群众的力量——利用好群体主体板(groupboards)。
> 8. 当地时间 14:00~16:00 和 20:00~23:00 是上传的最好时机。

8. 其他

社交媒体营销的范围很广,除了以上渠道之外,还有论坛、博客、问答社区等。这三类营销媒体尤其适合有一定专业门槛的产品,比如电子类、开源硬件等。主打 3C 电子产品的 DX,起家时依靠的正是其创始人高超的论坛营销能力。此外,如果目标人群是毕业生或职场人士,著名商务社交网站 Linkedin 将是一个不错的选择;Google+ 作为出色的社交网站,将社交和搜索紧密结合,也越来越受到营销者的青睐。

第四节　搜索引擎营销

搜索引擎营销(search engine marketing,SEM),其基本思想是让用户发现信息,并通过搜索引擎点击进入网站/网页进一步了解他所需要的信息。在介绍搜索引擎策略时,一般认为,搜索引擎优化设计主要目标有 2 个层次:被搜索引擎收录、在搜索结果中排名靠前。

一、搜索引擎营销的价值

有调查显示,大部分网站 70% 以上的流量来自搜索引擎,搜索引擎可以给企业网站带来大量用户,更重要的是这些用户都是通过搜索与企业相关的关键词进入网站的,也就是说这些用户大部分是潜在客户,这就达到了精准营销的效果,企业也能通过在搜索引擎中输入不同的关键词来有针对性地寻找潜在客户。搜索引擎营销的价值体现在图 7-18 所示的几个方面。

二、搜索引擎营销的特点

与其他网络营销相比,搜索引擎营销有其自身的鲜明特点,具体如图 7-19 所示。

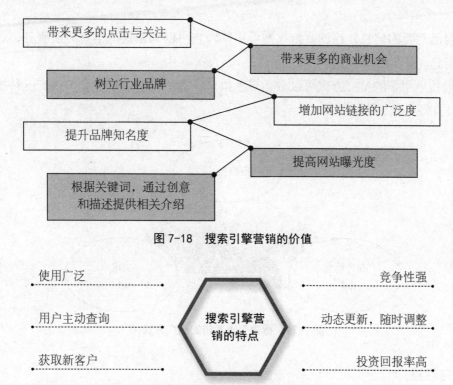

图 7-18　搜索引擎营销的价值

图 7-19　搜索引擎营销的特点

三、搜索引擎营销的宗旨

搜索引擎营销的最主要工作是加大搜索引擎在营销业务中的比重，通过对网站进行搜索优化，更多地挖掘企业的潜在客户，帮助企业实现更高的转化率。搜索引擎营销的宗旨如图 7-20 所示。

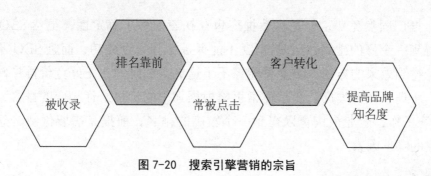

图 7-20　搜索引擎营销的宗旨

四、搜索引擎营销的推广方式

互联网在不断发展，现在的信息是以爆炸式的速度在增长，如何在浩瀚的互联网中寻找到自己想要的信息，这就要依靠搜索引擎。它可以为你提供信息导航服务，让你准确找到信息。

目前搜索引擎的推广方式可以分为自然推广、竞价推广、混合竞价推广三种推广方式，具体如图7-21所示。

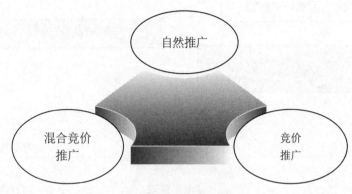

图7-21 搜索引擎营销的推广方式

1. 自然推广

自然推广是指人们可以将要推广的信息通过网页等形式发布到搜索引擎，然后通过正当的SEO（搜索引擎优化）技术使需要推广的关键词在搜索引擎中得到一个理想的排名。

做好自然推广，一定要做好SEO，其实SEO工作就是围绕着关键词、链接、权重这三个要素来展开。

2. 竞价推广

自然推广固然免费，但是自然推广也存在着很多不确定性，虽然SEO可以帮助企业得到一个好的排名，但是SEO不能保证百分之百成功，而且SEO不是一个短期就能得到效果的方法。企业可能等不了这么久的时间，正好竞价推广解决了这一问题。所谓"竞价推广"就是搜索引擎根据你出的价格给你相应的排名，这样省去了SEO工作，企业很快可以得到一个较高的排名，前提是需要付费，这里价格成了排名的唯一因素。

3. 混合竞价推广

搜索引擎在竞价推广的基础上，又推出了"混合竞价推广"方式，即在排序时除了考虑价格方面的因素，还同时考虑点击率的高低。这种方式不仅可以使企业得到较高的排名，而且能够提高网页匹配度，也提高了用户的体验。

相关链接

如何做好搜索引擎营销

展现量
推广结果被网民查看的次数

点击量
推广结果被网民点击的次数

访问量
网民到达企业网站的次数

咨询量
网民咨询企业的次数

订单量
订单的数量

上图是搜索引擎推广的漏斗图，最上面的是展现量，最底端的是订单量。搜索引擎营销的最终目标就是要提高订单量。但是，要实现这个目的需要做好每一个中间环节，即提高点击量、访问量、咨询量。

那点击量少、访问量少、咨询量少、订单量少的原因是什么呢？

点击量少就是因为展现量太少，目标客户找不到你的推广信息。就这么简单！

访问量少就是因为你的点击量太少，如果没多少人进入你的网站，访问量怎么可能高呢？

咨询量少的原因：一是访问量太少，造成没有多少目标客户进入你的网站；二是你的网站不能引起客户的兴趣。

订单量少的原因：一是咨询量太少；二是你的销售沟通有问题；三是你的产品、价格、服务满足不了客户的需求。解决这个问题的关键在于企业自身，而不是网络。网络可以给企业带来客户，但是，能不能让客户购买产品取决于企业自身。

只要我们知道了根本原因，问题也就迎刃而解了。也就是说，只要做好这几个环节一定是有不少订单的。

第一步：提高展现量的策略

展现量也就是被用户看到的次数，也就是曝光量。做好这个重要环节的办法就是有大量的关键词可以出现在搜索引擎前列。

第二步：提高点击量和访问量的策略

搜索引擎营销推广可通过 SEO 和付费提高营销效果。

怎么才能做好 SEO 呢？

只要掌握相关原则就足够了，不用花太多心思去研究搜索引擎的算法。什么原则呢？一是要考虑用户，二是要考虑搜索引擎。站在用户的角度，我们需要提供高质量的内容；站在搜索引擎的角度，就是不要"作弊"。其实，只要认真做好内容，再用一些 SEO 的技巧，就可以获得良好的搜索引擎营销效果。

想要掌握 SEO 的技巧，就要了解搜索引擎网站排名的核心指标。

（1）标题。标题是最重要的因素之一，搜索引擎主要靠标题来判断某个网页的内容。所以，标题中一定要包含关键词。

（2）描述。描述就是对网页内容的总结和概括。

（3）内容。内容必须和标题相吻合，内容最好是原创的且要保证高质量。

（4）关键词密度与位置。关键词出现的位置以及密度都会影响排名。

（5）外部链接。目前外部链接对排名的影响力有所下降，但依然是很重要的指标。

（6）站内链接。站内链接依然是搜索引擎综合判断网站主题的关键。

（7）服务器。只要网速流畅、稳定即可。

（8）网站结构。只要是树状或者扁平结构就可以了。

（9）用户行为。这里涉及很多方面，比如跳出率、停留时长、分享等。谷歌对此项看得比较重。

（10）其他细节。比如：H 标签的使用，Alt 属性的使用，网页的大小，代码是否简洁规范等。

（11）域名权威。这点主要包括域名年龄和链接网站的质量以及数量。

除了传统的 SEO 做法，还可以借助第三方平台进行 SEO，通过优化在第三方平台上发布的信息，从而在搜索引擎上获得良好的排名以收获大量流量。可以借助的平台如下。

（1）B2B 平台。

（2）博客。

（3）论坛。

（4）百度相关平台。

（5）问答平台。

（6）分类信息平台。

（7）微博。

这些平台可以带来源源不断的客户。关键词排名操作方法都是遵循 SEO 的。比如，标题中出现关键词，内容中出现关键词，关键词加上 H 标签，图片加上 Alt 属性等，内容原创且高质量。

第三步：提高咨询量的策略

1. 定位产品/价格

做网络营销你要进行市场调查，特别要了解竞争对手是怎么做的，他们的主打产品是什么，价格是多少，有什么做得好的地方等。同时，想做好网络营销，产品定位是必须要做好的。你的产品有什么独特优势、卖点，主要是用来解决什么问题的，对客户有什么价值，最大的价值是什么，这些你必须非常清楚。否则，无论卖什么产品，陷入价格战是不可避免的。做好产品定位，应将产品用图文并茂的方式展示在客户面前。

其次，就是产品价格。比如：你的同行都是卖 10 元，你却才卖 5 元，为什么？你必须解释原因。如果你卖 15 元，你也必须解释原因。否则，客户会产生怀疑。

2. 策划具有营销性质的内容

为什么说是营销性质的呢？因为内容具备营销性质，才更有说服力。

比如：介绍产品传统的做法就是引用一大堆文字或数字，这样的介绍方式往往缺少说服力。

如果内容中有产品的图片，并且图片处理得非常吸引人，同时产品的每个细节都有图片说明并附带广告性质的文字介绍，如产品能给客户带来什么价值，原材料是什么，生产车间是什么样的，还获得了什么样的证书等，最后向客户承诺产品有质量问题可免费退换，那么，这种介绍方式将会更有吸引力。

以淘宝为例，但凡那些销量很高的产品，其内容描述通常具有营销性质，凡是销量不怎么样的，基本上都是采用老套的介绍方式。大家可以马上去淘宝搜索一个产品，找个销量好的与不好的做个对比看看。

3. 便捷的沟通工具

如果客户产生咨询的欲望，但是找不到你的联系方式或者没有便捷的网络沟通工具，他很有可能会关闭网页去看另一家店铺。

4. 客户案例/客户评价等

客户主动咨询的关键是对你的产品产生了信任或者兴趣，如果做不到这一点，很难有高的咨询量。过往合作过的客户案例以及客户评价可以帮助你取得新客户的信任，新客户一般很看重第三方的评价。

5. 企业介绍

在合适的位置简明扼要地介绍公司是很有必要的，如果连你的公司的基本情况都不了解，别人是不会和你合作的。

6. 相关证书

给客户展示证书的目的是让客户产生信任。因为，证书是第三方权威机构颁发的，容易让人产生信任感。

7. 有杀伤力的成交主张

这点非常重要。成交主张的关键内容就在于：是先给钱再做事，还是先做事再给钱，或者做好一部分事情再给钱；然后是你对客户有什么承诺。我们必须百分百地站在客户的角度来思考。客户感觉自己承担的风险越小，就越容易购买。比如：某公司网络营销外包的成交主张是预付三成定金，然后每个月支付一定费用，每个月给客户发送项目执行报告与效果报告，如果客户觉得不好可以随时终止合同。

要从客观上降低客户的购买风险，让客户的风险最小。对于一个真正负责任的企业来说，为客户降低购买风险是责任。

第四步：提高订单量的策略

网络的主要职能是把客人带来，能否成交靠的是企业本身。比如：一个客户购买意向很高，但是由于销售人员销售素质不高，结果未达成交易。还有客户询价但却不购买等类似的问题，很多都是由于销售人员专业素质低造成的。要解决这些问题最好的办法就是从销售人员、产品、价格、售后服务等方面找问题并解决。

1. 提升自身销售素质

网络营销更要注重销售素质。因为，一旦沟通不好，客户就不会购买。

最有效的快速提升沟通技巧的方法就是多与客户沟通。如果开始没有那么多客户供我们练习，可以找同事相互练习，同时可以阅读一些销售方面的书籍。此外，销售者对产品必须非常熟悉，最好是产品专家。

2. 提供优质的售后保障

售后保障是每个人在购买前都很重视的因素，没有人愿意买一个连售后服务都没有的产品。那么，什么样的售后服务才是最能触动客户的呢？关键是要搞清楚客户购买之后最担心什么问题，只要你针对这个问题给予客户一个承诺，并且让他相信就够了。

3. 提供便捷的购买流程

对于这点也没什么需要多说的，实际当中谁也不愿意花太多时间在购买上，要避免漫长的运输等待、复杂的手续等。

4. 设计一个强大有力的成交主张

对于这点还是有必要再重复一次，因为就算客户很满意你的产品或服务，但如果客户不喜欢你的成交主张也是无法成交的。关于成交主张，我们不仅要百分百站在客户的角度思考，而且要给客户一个不得不买的理由。

第五节　达人营销

随着"粉丝经济"在越来越多的场合被提及,不少卖家也有了利用达人进行品牌营销的意识,并且尝试在达人宣导、粉丝营销和话题营销的基础上,实现海外消费者与产品、品牌的互动。

一、什么是达人营销

达人营销主要是依靠有影响力的达人传递产品和品牌信息,来吸引潜在受众并使其转化为消费者。达人营销是众多数字营销手段中的一种,它同社交营销和内容营销有着极为密切的关系。达人营销通常通过图7-22所示的方式展开。

图7-22　达人营销的展开方式

简而言之,达人营销就是指在某个特定领域或社群中,找到有名气并且有影响力的人,来宣传和推广产品或者品牌。

二、达人营销的特点

达人营销是一种通过高人气达人在多个网络平台推销产品和品牌的营销手段。通常来说,达人具备如图7-23所示的特点。

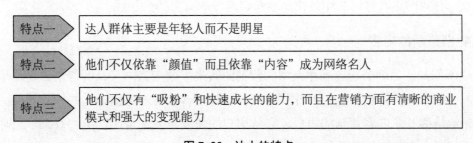

图7-23　达人的特点

三、达人营销的优势

在互联网出现之前,电视是消费者主要接触到的大众媒体之一。但是随着互联网的发展以及 Facebook、TikTok、YouTube、Instagram 等社交平台的普及,消费者可以无限自由地选择他们希望观看的内容。这就给品牌带来了难题——接触消费者变得越来越难,而达人营销正好解决了这一问题。

毫无疑问,达人营销已经成为当下最热门的营销手段之一,作为品牌或者是企业,越早开始这一活动,先发优势就会越明显。具体来说,达人营销的优势如图 7-24 所示。

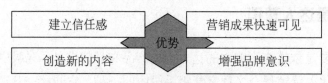

图 7-24 达人营销的优势

1. 建立信任感

越来越多的选择,让消费者无从下手,他们对品牌及其营销策略也越来越怀疑,所以建立信任感至关重要。而通过达人营销,达人会将品牌分享给已经建立信任关系的人群。消费者会打消对品牌的怀疑态度,相信达人所推荐的产品。

2. 营销成果快速可见

一项长期不产生收益的营销活动,能坚持多久呢?追根究底,营销活动的最终目的是获得高的投资回报率。而达人营销正是一种见效非常快的营销手段,可以帮助企业在短期内提升产品的销量。

3. 增强品牌意识

提高品牌知名度是营销活动的重要目标之一,达人营销活动在增强品牌意识方面卓有成效,有效的达人营销活动会使品牌看起来更加真实和受欢迎。

4. 创造新的内容

众所周知,品牌公司会雇用大型的营销团队来生成创意内容,而营销计划都是围绕内容展开的。随着营销活动的展开和升级,品牌内容就会产生病毒式的传播效果。而网红营销恰恰弥补了内容营销的短板,它从用户的角度出发来证明产品的效果,同时其内容也成为了内容营销的重要组成部分。

四、营销中达人的选择

从粉丝数量上来看,达人是分为两类的,简单来说就是"大 V"和"小 V"。通常"大 V"的粉丝数量,可能都是几十万几百万级别的,而"小 V"粉丝数量可能只有几万。

很多卖家在选择合作达人时,也会陷入一个误区——认为粉丝量越多,合作的效果越好,曝光量越大。一方面,这其中涉及粉丝精准度的问题,可能"大 V"的粉丝遍布的范围太广,比如 100 个粉丝收到了产品的推广信息,其中只有 20 个人对你的产品感兴趣;另一方面,与"大 V"达人合作,通常需要大额资金的投入,可能发布一篇软文或进行一次推广就要 10 万元人民币起;除此之外,跨境电商卖家和达人的合作,通常不只是单次的合作,也非只与一个达人合作,达人推广需要长期的曝光。

与"小 V"合作不见得曝光量或者产品销量的增长就会小。通常来说,"小 V"的粉丝总量虽然不及"大 V"多,但他们的粉丝相对固定,精准度也比较高,如此一来可能"小 V"更适合一些垂直领域的卖家。

比如,一个美妆类的"小 V",可能其粉丝的范围不会涵盖特别多的领域,其推广的内容也是垂直于美妆这个品类的,甚至说有些"小 V"专做口红或者眼线笔的推广,如果是做相关产品的卖家就可以寻求与其合作。就算"小 V"的传播影响力只能覆盖 30 个受众,但可能这其中有 20 个都是有效的受众,流量更精确,卖家也可以节省推广的成本。

 相关链接

如何挑选适合产品的达人

1. 相关性

要确保找到的达人是跟产品相关的,这样才有可能能吸引到潜在的受众。可以通过访问达人的社交账号,了解其社交账号之前所发的动态是否与你要传递的信息一致。仔细阅读达人的个人资料,了解他/她的粉丝是什么类型的消费者。

2. 真实度

当心买粉丝的达人!粉丝量是衡量达人品牌效应的一个重要指标。任何人都不可能在短短几天时间内积累上千万的粉丝。购买的粉丝对于提升品牌价值和提高销售转化率毫无意义。那么如何检验达人是不是买了粉丝呢?你可以使用 Follower Check 等软件,检测账户是否有"僵尸粉"。

3. 粉丝数以及覆盖率

上面也提到,粉丝量是衡量达人品牌效应的重要指标之一。真实的粉丝量可以为我们选择达人提供有效的参考,而帖文的覆盖率则是粉丝质量以及内容质量的一项重要参考标准。但需要注意的是,不要把覆盖率当作衡量的唯一指标。相对于覆盖率来说,更应该关注的是,帖文给我们的网站带来的流量、粉丝,以及销售额上的提升。

4. 发帖频率

一般而言,达人们发帖的频率与其流量和回访率之间有着直接的联系。内容需要多次曝光才能让访问者点击你的网站,甚至是再次回到你的网站上面。达人定期发布高质量的内容,粉丝更有可能参与、分享和收藏;而不经常发帖的达人,粉丝流失率是非常高的。

5. 参与度

比影响力更重要的是粉丝的参与度。为什么?因为粉丝的参与度决定达人的粉丝中有多少人对营销的内容真正感兴趣,基本上可以体现达人对粉丝购买决策的影响程度。

第六节 口碑营销

信息时代的口碑营销在市场运营中占据着重要地位,越来越多的消费者更倾向于从网络或者媒体上,查看其他用户对产品的评价,再决定要不要购买。因此,根据消费者口味的变化,口碑营销也成为了跨境电商打造爆款的重要手段。

一、什么是口碑营销

口碑营销,又称口碑广告,类似于"安利"。不局限于人和人之间的相互介绍,随着新媒体的发展,国内的知乎、小红书以及国外的Reddit、Quora都可以作为"安利"的平台。

传统的口碑营销是在推荐的基础上从一个人传到另一个人。新媒体时代的口碑营销既描述了产品的实际价值和使用经验,也描述了用户对品牌满意度的自然实例。

在当今这个高度互联的世界里,一个简单的推荐可以产生巨大的影响。许多用户的真实好评和使用经验都是很好的营销素材,这些素材可以让其他用户产生亲身体验到产品的感觉,同时不会抵触这种推销方式。

据相关调查,90%的人更相信朋友和家人的推荐,因为朋友和家人使用满意了才会安心地推荐给身边的人。社交媒体中的真实素材会增加消费者的信任感,会显著影响其购买意愿。因此,口碑营销通过直接影响购买意愿和间接影响感知在电子商务中发挥着重要作用。

二、口碑营销的方式

口碑营销的方式主要有图 7-25 所示的两种。

图 7-25　口碑营销的方式

1. 口口相传

当人们因为对某个产品感到满意而成为拥护者，并且希望向他人分享这个产品时，口碑就自然而然地产生了。

比如，两个朋友间会经常相互推荐自己认为不错的化妆品，然后获得"安利"的朋友在使用后还有机会把自己认为不错的化妆品再推荐给她自己周围的人。

2. 营销型口碑

品牌公司通过社交媒体发起一些活动让人们以很优惠的价格甚至不需要任何费用来使用相关产品，公司会要求用户在自己的社交媒体账号上发一些传播信息或者使用感受，以此形成口碑。这就和想获得某些活动中的商品需要在朋友圈转发文案或收集点赞一个道理。

三、口碑营销的关键因素

口碑营销的三个关键因素如图 7-26 所示。

图 7-26　口碑营销的关键因素

1. 品牌忠诚度

有研究显示，获得 1 个新客户的成本是保持现有客户的 5 倍，做好客户留存工作可以帮助公司大幅提高利润率。也就是说老客户越多，公司效益会越好，新客很多但客户流失率很高，那并不是一个好现象。

2. 品牌信任

大部分人不相信广告，但相信消费者的评论，同时绝大部分的人更相信来自家人和朋友的建议。如果能带动起口碑营销，那么可以节省一笔很可观的广告开支。换句话说，比起广告，人们更相信朋友、家人（甚至是陌生人）。口碑营销意味着你的品牌是在最值得信赖的环境下被推荐的，所以成交的概率会大大增加。

3. 制造合适的营销话题

很多企业虽然有充足的广告预算，但并不想花费数额巨大的广告费。如果又想少花钱又想有宣传力度，能够真正为品牌造势的方法就是制造合适的营销话题，让人们在媒体和社交网络上大肆讨论品牌。

四、口碑营销的条件

对于跨境电商卖家来说，要想获得一个好的口碑，就要做到图 7-27 所示的几点。

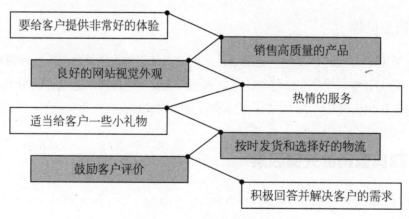

图 7-27　口碑营销的条件

1. 要给客户提供非常好的体验

销售的产品是优质的，就能给客户带来非常不错的体验。如果客户的体验很糟糕，那么让他们向朋友和家人推荐你的产品几乎是不可能的。人们推荐某件产品是因为他们想分享自己喜欢的东西，而不仅仅是他们可能会因此得到折扣券。

如果客户有非常好的体验，他们会对你的产品产生一定程度的信任和信心，出于这种信任，他们更愿意把你的产品贴上"很不错，我很喜欢，很好用"的标签并分享给自己身边的人。同时一旦建立了品牌信任感,那么其他品牌的新产品就很难取代你的产品在客户心中的位置,因为在价格差不多的情况下,由于新产品会带来风险,人们一般不会轻易尝试。

> **小提示**
>
> 大部分消费者会因为一次糟糕的体验就不再尝试这个品牌的产品,因此为消费者提供美妙的体验和给消费者留下好的第一印象一样重要。

2. 销售高质量的产品

对于商家来说,保证商品的质量是至关重要的。

比如,一家餐厅做了很多线上宣传和推广,但他们餐厅的口味和给人的整体体验很差,如果有客户留下糟糕的评论,可能会造成严重的负面影响。

如果你对顾客不友好或者销售的产品很差劲,顾客可能会告诉其他人。由于社交媒体,他们不仅可以影响他们的朋友,也可以影响朋友的朋友和其他陌生人。

3. 良好的网站视觉外观

绝大多数的消费者认为视觉外观是影响购买决定的关键因素。如果一个网站没有清晰的图片以及良好的应用场景,反而到处都是无用的推销信息,那么消费者的成交概率会大大降低。

4. 热情的服务

相比那些冷冰冰或者客户问题一多就不耐烦的商家,客户更愿意找那些服务态度好、比较负责的商家。

5. 适当给客户一些小礼物

适当给客户一些小礼物,礼物不用单价很高但是要有实用价值。这样客户使用到这些小物件的时候就会想到你了。

6. 按时发货和选择好的物流

按时发货、选择好的物流也是很重要的。客户对商品的期待就是从商品发货的那一刻开始的,如果很久不发货同时物流送达的时间又很慢,那么给客户的体验就会很差,客户在下次购买商品时很可能会选择发货和物流更快的商家的。所以,为了防止客户流失,发货和物流这一关一定要把握好。

7. 鼓励客户评价

客户在相关购物网站上留下的真实评价可以作为非常好的购买参考，这也是为什么很多商家那么怕差评的原因。

更多的客户评价可以让新客户有非常好的参考，这样他们会更加放心地购买产品。但如果客户的评价都不怎么好，那么新客成交率就会非常低。

8. 积极回答并解决客户的需求

很多卖家只注重自己公司的品牌战略以及内部决定的产品方案，对于客户提出的很多需求性的建议，他们并没有通过相关媒介（网站、社交媒体）来积极回复客户并解决相关的实际问题。久而久之，产品需求度会越来越低，产品的口碑也会越来越差。

五、口碑营销的策略

在社交网络时代，跨境电商卖家想做好口碑营销，可参考图7-28所示的策略。

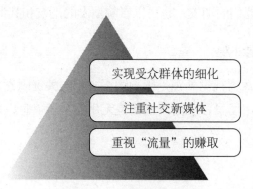

图7-28　口碑营销的策略

1. 实现受众群体的细化

口碑营销的关键是要培养稳定的客户群。因此，在社交网络时代，跨境电商卖家想进行口碑营销，必须要对产品市场进行准确定位，实现受众群体的细化。随着我国对外开放的日益发展以及跨境贸易规模的不断扩大，跨境电商卖家的数量也不断增多，各个企业的产品以及服务都慢慢朝着多样化的趋势发展。各企业研发的产品各具特色，同质化情况逐渐减少。每个消费者的服务以及喜欢的产品都是不同的，所以对企业的口碑营销方法也有不一样的接受程度。对于相同跨境电子公司的相同产品，消费者在每个社交媒体上都可能有不一样的评论。

因此，在服务以及产品越来越多样化的时代，作为跨境电商卖家，在口碑营销过程中，营销人员必须事先将产品细化工作落实到位，根据企业自身的服务类型以及产品，对其作出准确的市场定位，发现最适合的消费人群，将主要营销对象放在这些群体上。

2. 注重社交新媒体

在网络社交媒体出现前，很多跨境电商卖家利用各种各样的传播媒体，积极开展公司产品的宣传以及推荐活动。在网络社交媒体种类不断增加的背景下，跨境电商卖家的口碑营销发展途径也越来越多。

比如，可以利用一些短视频平台，来扩大企业的影响力。因为这些社交媒体有大量的用户，相对于传统方法而言，有着更好的宣传效果。

作为跨境电商卖家，能够利用粉丝救济的形式进行社交媒体的口碑营销，在企业的稳定客户群体中积极挖掘越来越多的产品以及服务需求。

3. 重视"流量"的赚取

对于跨境电商卖家来说，可以采用制造宣传点的方式来获得网友的关注，积极挖掘企业产品的各种亮点，吸引网友主动了解产品。跨境电商企业可以聘请一些知名明星，利用这些明星的粉丝效应，增加企业的知名度，让企业的产品被越来越多的网友熟知。企业通过充分利用明星产生的"流量"，以及企业产品的优势来进行口碑营销，使受众自己主动宣传产品，从而大大提高口碑营销水平。

总而言之，在跨境电商营销模式中口碑营销是一种常见的模式，社交网络时代使口碑营销模式呈现出多样化的特征。作为跨境电商企业，应充分运用口碑营销模式，获得良好的营销效果，让自身在激烈的市场竞争中站稳脚跟，实现稳定发展。

参考文献

[1] 孙韬. 跨境电商与国际物流——机遇、模式及运作. 北京：电子工业出版社，2020.

[2] 沈欣主编. 跨境电商与国际物流实训教程. 北京：化学工业出版社，2021.

[3] 宁芳儒. 跨境电商——亚马逊是如何运营的. 北京：人民邮电出版社，2022.

[4] 农家庆. 跨境电商：平台规则＋采购物流＋通关合规全案. 北京：清华大学出版社，2020.

[5] 朱秋城. 跨境电商3.0时代——把握外贸转型时代风口. 北京：中国海关出版社，2016.

[6] 纵雨果. 亚马逊跨境电商运营从入门到精通. 北京：电子工业出版社，2018.

[7] 李毅著. 跨境电商运营实战攻略. 长春：吉林大学出版社，2022.

[8] 蒋彩娜. 跨境电商支付与结算. 北京：电子工业出版社，2021.

[9] 梅丹. 跨境电商零售进口关务筹划. 北京：中国海关出版社，2022.

[10] 马博. 跨境电商物流. 北京：中国经济出版社，2022.

[11] 冷静. 跨境电商支付业务探讨. 对外经贸，2019（11）：4.

[12] 顾阳. 跨境电商将成世界贸易主角. 经济日报，2018-02-13（07）.

[13] 蒋琳，陈磊. "跨境溯源"保品质京东抢夺洋品牌入驻. 南方都市报，2017-11-23(AA14).

[14] 朱雅娜. 我国跨境电商物流的海外仓模式比较分析. 商场现代化，2017，16：43-44.